POR QUE MEDITAMOS

Daniel Goleman
e
Tsoknyi Rinpoche
com Adam Kane

Por que meditamos
A ciência e a prática da
clareza e da compaixão

TRADUÇÃO
André Fontenelle

Copyright © 2022 by Tsoknyi Rinpoche e Daniel Goleman

Grafia atualizada segundo o Acordo Ortográfico da Língua Portuguesa de 1990, que entrou em vigor no Brasil em 2009.

Título original
Why We Meditate: The Science and Practice of Clarity and Compassion

Capa
Angelo Bottino

Preparação
Graziela Marcolin

Índice remissivo
Gabriella Russano

Revisão
Carmen T. S. Costa
Márcia Moura

Dados Internacionais de Catalogação na Publicação (CIP)
(Câmara Brasileira do Livro, SP, Brasil)

Goleman, Daniel
    Por que meditamos : A ciência e a prática da clareza e da compaixão / Daniel Goleman, Tsoknyi Rinpoche, Adam Kane ; tradução André Fontenelle. — 1ª ed. — Rio de Janeiro : Objetiva, 2023.

    Título original : Why We Meditate : The Science and Practice of Clarity and Compassion.
    ISBN 978-85-390-0759-2

    1. Meditação 2. Mente e corpo 3. Mindfulness (Psicologia)
I. Rinpoche, Tsoknyi. II. Kane, Adam. III. Título.

23-142960   CDD-158.12

Índice para catálogo sistemático:
1. Meditação : Psicologia aplicada   158.12

Aline Graziele Benitez – Bibliotecária – CRB-1/3129

Todos os direitos desta edição reservados à
EDITORA SCHWARCZ S.A.
Praça Floriano, 19, sala 3001 — Cinelândia
20031-050 — Rio de Janeiro — RJ
Telefone: (21) 3993-7510
www.companhiadasletras.com.br
www.blogdacompanhia.com.br
facebook.com/editoraobjetiva
instagram.com/editora_objetiva
twitter.com/edobjetiva

Pela paz interior, por um mundo pacífico,
e em benefício de todas as coisas.

Sumário

1. O que este livro oferece a você 9
2. Solte! 17
3. Respiração abdominal 28
4. Monstros bonitos 56
5. Amor essencial 89
6. Amor e compaixão 115
7. Calma e clareza 145
8. Um olhar interior mais profundo 169

Epílogo: Alguns conselhos finais 193

Agradecimentos 199
Notas 201
Índice remissivo 205

1. O que este livro oferece a você

TSOKNYI RINPOCHE

Fui criado numa cidadezinha, cercado de muito amor e carinho. Lembro-me nitidamente de ficar, quando era bem pequeno, pulando o tempo todo no colo do meu avô, envolto em um *dagam*, um manto para meditação grande e quentinho. Ele passava o dia meditando e murmurando mantras, deixando o pestinha ir e vir livremente. Meu avô irradiava calor humano, amor e paz, independentemente do que estivesse acontecendo à sua volta.

Nasci em Katmandu, sou filho de Tulku Urgyen Rinpoche, um renomado mestre tibetano da meditação, e de mãe nepalesa descendente de uma família tibetana de meditadores. Entre os ancestrais de minha mãe estava um famoso rei tibetano, cujos descendentes se estabeleceram em Nubri, um vale nepalês à sombra do monte Manaslu, a oitava maior montanha do mundo. Passei os primeiros anos de minha infância nessa remota região montanhosa.

Nos dois lados da minha família havia meditadores dedicados e bem-sucedidos, entre eles meu pai, a avó do meu pai e o pai dela, um meditador lendário de sua época. O sucesso na meditação geralmente significa passar por vários estágios de treinamento da mente e atingir um grau de estabilidade na sabedoria e na compaixão. Tive, portanto, o privilégio de ter sido treinado desde a infância, e de ter sido criado em uma atmosfera meditativa.

Aos treze anos, fui mandado para uma comunidade de refugiados tibetanos no vale do Kangra, no norte da Índia, para uma instrução budista formal. Ali, continuei meu treinamento com vários mestres da arte da meditação, entre eles iogues que faziam ali sua prática em isolamento. Desde então, tive a felicidade de continuar a estudar com alguns dos maiores mestres de nosso tempo.

Comecei a ensinar o budismo pouco depois dos vinte anos, e após isso viajei pelo mundo, ensinando meditação a dezenas de milhares de alunos de vários continentes. Também continuei a me instruir e a explorar o conhecimento relacionado à ciência da mente. Participei de vários seminários de Mente & Vida, em que o Dalai-Lama deu palestras junto com cientistas, e dei aulas de meditação no Instituto Mente & Vida de Pesquisa de Verão para estudantes de graduação e pós-doutorado.

Desde que comecei a ensinar meditação, minha curiosidade natural me deixou particularmente interessado pela psicologia, pela vida contemporânea e pelos desafios singulares que o ser humano moderno vive hoje no Ocidente. Como professor viajante, meu estilo de vida exige deslocamento incessante. Ao contrário de muitos professores de meditação asiáticos conhecidos, prefiro viajar sozinho e no anonimato, para poder observar as pessoas e interagir com elas de forma espontânea e autêntica. Passei muito tempo em aeroportos, caminhando pelas ruas de cidades do mundo inteiro, sentado em cafés e, em geral, observando as pessoas.

Convivi durante décadas com especialistas da psicologia e da ciência, e com amigos e estudantes do mundo todo, tentando compreender sua mentalidade, seus problemas e as pressões culturais que sofrem. Aprendi com vários psicoterapeutas de grande prestígio, como Tara Bennett-Goleman e John Welwood. Com Tara (esposa de Daniel Goleman), explorei muitos temas da psicologia, em especial os padrões emocionais disfuncionais mais comuns, como o sentimento de privação emocional e o medo do abandono, sobre os quais ela escreveu em seu livro *Alquimia emocional* e em outras obras. John Welwood, terapeuta de casais e escritor, apresentou-me ideias sobre padrões de relacionamento, assim como o conceito de "*bypass* espiritual", a tendência a utilizar práticas espirituais, como a meditação, para evitar feridas psicológicas não cicatrizadas e emoções avassaladoras e perturbadoras. Também aprendi muito com meus alunos, conversando com eles sobre suas vidas, seus relacionamentos e suas práticas espirituais.

A partir dessas fontes, aprendi tanto sobre minhas próprias neuroses quanto sobre meus padrões e emoções habituais, assim como os dos meus alunos. Isso enriqueceu minha abordagem de ensino, à medida que ampliou minha compreensão dos problemas psicológicos e emocionais específicos enfrentados pelos estudantes de hoje. Por exemplo, a forma como as pessoas podem se esconder de problemas psicológicos em sua prática espiritual, assim como sentir o poder oculto de nossos padrões emocionais e de nossas feridas relacionais. Ideias assim deram forma às instruções apresentadas neste livro.

Como professor, minha abordagem deriva não apenas dessa sensibilidade aos problemas atuais nos campos emocional e psicológico, mas também do fato de que continuo a me dedicar à possibilidade da transformação e do despertar. Procuro ser fiel à profunda sabedoria tradicional de minhas origens, mas também busco ser inovador e estar atualizado. Isso significa tentar me manter aberto e franco na interação direta com os alunos, ao mesmo tempo que cuido em vários níveis de suas travas, feridas e dúvidas.

Quando comecei a dar aulas, tinha um estilo mais tradicional, focando na teoria e enfatizando pequenas distinções entre os textos tradicionais. A maioria dos alunos tinha elevado grau de instrução, o que os permitia captar intelectualmente o sentido e fazer perguntas acuradas. Pensei: *Nossa, esse pessoal é esperto mesmo! Vão progredir rápido.* Porém, depois de pouco mais de uma década, senti que havia algo errado. Os alunos estavam "captando" com a mente, mas pareciam presos aos mesmos padrões habituais de emoção e energia, ano após ano. Esse impasse impedia-os de progredir na prática de meditação.

Comecei a questionar se o método tão valorizado pela minha tradição estava de fato atingindo os alunos da forma pretendida. Queria entender por que estudantes do mundo inteiro estavam compreendendo os ensinamentos, mas não eram capazes de incorporá-los, transformando-se de maneira profunda.

Suspeitei de que os canais de comunicação entre a mente, os sentimentos e o corpo estivessem bloqueados ou desgastados. Do ponto de vista tibetano, todos esses canais precisam estar conectados e fluindo livremente. Porém, percebi que meus alunos não conseguiam introjetar tudo aquilo que seu intelecto era capaz de entender, porque não conseguiam digeri-lo no nível do corpo e dos sentimentos. Isso me levou a mudar minha forma de ensinar meditação.

Hoje, meu foco está, antes e acima de tudo, em curar e abrir o canal entre a mente e o mundo das sensações, de modo a preparar todo o ser do aluno. As técnicas aqui descritas refletem esse método, que refinei ao longo das últimas décadas. Embora sejam fruto de décadas de treinamento com grandes mestres e de minha própria experiência de ensino e meditação, não são voltadas apenas para os budistas e os "meditadores sérios". Muito pelo contrário: elas foram criadas para beneficiar a todas e todos.

Tampouco se trata de antídotos para neuroses apenas — essas técnicas oferecem maneiras práticas de lidar com todo tipo de emoções e pensamentos incômodos que repetidamente tomam conta de nós. Entre eles, podem estar, além do medo, a agressividade, o ciúme, os desejos irrefreáveis e todo tipo de obstáculo à paz interior.

Sou apaixonado pela divulgação da meditação de uma forma psicológica e emocionalmente relevante, prática e acessível às pessoas absorvidas pelo mundo atual. Nosso tempo para trabalhar a cabeça e o coração é precioso e muito curto, por isso as técnicas precisam nos beneficiar aqui e agora.

DANIEL GOLEMAN

Fui criado em Stockton, na Califórnia, cidade cerca de uma hora e meia a leste da região da baía de San Francisco. Na época, vivenciei aquele lugar como uma espécie de cidade tranquila da América profunda, como nas pinturas de Norman Rockwell. Ultimamente, porém, Stockton foi adquirindo uma reputação bem diferente: foi a primeira cidade americana a decretar falência, nela se deu um projeto piloto de benefícios mensais aos moradores mais pobres — e é também terra de gangues criminosas.

Desde muito pequeno, me dei conta de que quase não tinha livros na casa dos meus amigos, enquanto na minha havia milhares. Meu pai e minha mãe eram professores universitários e acreditavam na educação como o melhor caminho para o sucesso. Assim como eles haviam feito, eu levava a escola a sério e estudava com afinco.

Isso me fez entrar em uma faculdade da Costa Leste, e depois em Harvard, para fazer um ph.D. em psicologia clínica. Mas minha trajetória educacional deu uma guinada quando ganhei uma viagem de pré-doutorado para a Índia, onde passei dois anos estudando — ou pelo menos foi o que eu disse a meus mecenas — psicoetnologia, ou "modelos asiáticos da mente". Na verdade, acabei mergulhando no estudo da meditação.

Comecei a meditar ainda na graduação, e na Índia fiz, entusiasmado, uma série de retiros de dez dias. Nos retiros, eu encontrava um estado de paz interior, e quando voltei para casa dei continuidade a essa prática. Ao longo de décadas como meditador, encontrei-me com diversos professores maravilhosos, e hoje sou aluno de Tsoknyi Rinpoche.

Fiz minha dissertação em Harvard sobre a meditação como intervenção contra o estresse, e desde então acompanho as descobertas científicas sobre a prática contemplativa. Minha carreira me levou ao jornalismo científico, chegando ao *New York Times*, onde trabalhei no editorial de ciência. Minha maior habilidade nessa área continua a ser mergulhar naquilo que as revistas científicas publicam e traduzir essas descobertas de forma compreensível e interessante para o leitor comum, sem qualquer formação específica.

Isso me levou a escrever um livro sobre as descobertas científicas da meditação, junto com um velho amigo da época de faculdade, Richard Davidson, hoje um neurocientista de renome mundial, ligado à Universidade de Wisconsin. Nosso livro, *Traços alterados: A ciência revela a forma como a meditação modifica a mente, o corpo e o cérebro*, recorre aos mais sólidos estudos da prática da meditação. Para escrever o presente livro, voltei a esse poço de ciência contemplativa, revisando as descobertas dos laboratórios que se relacionam de alguma forma com as práticas compartilhadas por Tsoknyi Rinpoche em cada capítulo.

O que este livro oferece a você

O mindfulness, ou atenção plena, está em empresas, escolas, cursos de ioga, centros médicos e muito mais, penetrando nos mais distantes recantos da sociedade ocidental. É compreensível que uma prática que nos ofereça um alívio das atribulações do cotidiano seja atraente para tantas pessoas, mas o mindfulness é apenas uma entre as muitas ferramentas de uma meditação mais profunda. O caminho para a prática que apresentamos neste livro abarca o mindfulness básico, mas vai muito além. Explicaremos a você como seguir adiante, depois de iniciar o mindfulness — assim como o que fazer desde o início para desarmar os hábitos emocionais profundos.

Este livro ajuda você a lidar com os diversos obstáculos da vida moderna que prejudicam nosso foco — não apenas os onipresentes celulares e as agendas cada vez mais lotadas, mas, além disso, pensamentos destrutivos como a dúvida e o cinismo, e hábitos emocionais, como a autocrítica, que nos causam inquietação. Os primeiros capítulos ajudam a tranquilizar o leitor em relação às duas maiores queixas dos iniciantes em meditação: (1) Minha mente é agitada, não consigo encontrar a serenidade, e

(2) Meus pensamentos mais perturbadores vão e voltam o tempo todo. Adaptando as instruções de meditação para lidar com esses dois obstáculos, Tsoknyi Rinpoche começa pelo "ato de soltar", em que o meditador atravessa esses pensamentos persistentes, e pela "saudação", em que o meditador aprende a fazer as pazes com seus padrões mentais mais perturbadores.

Essas práticas, que em geral não figuram entre as instruções-padrão do mindfulness, são inestimáveis. Muitos iniciantes em mindfulness abandonam o método, frustrados e decepcionados com a continuidade dos pensamentos enlouquecedores que estão tentando superar. Este livro ensina a encarar esses pensamentos com amor e aceitação.

Além disso, vários dos métodos compartilhados aqui não foram amplamente divulgados antes. São conhecidos apenas pelos alunos de Rinpoche.

Este livro é para você:

- Se você vem cogitando iniciar a meditação e não tem certeza do motivo ou de como começar;
- Se você já medita, mas quer saber por quê, ou o que fazer para progredir;
- Ou se você já é um meditador convicto e quer ajudar uma pessoa importante para você a começar, presenteando-a com este livro.

2. Solte!

Se você não pode mudar alguma coisa, por que se preocupar?
E se você pode mudar alguma coisa, por que se preocupar?
Ditado tibetano

TSOKNYI RINPOCHE: A EXPLICAÇÃO

Nos anos 1970 e 1980, quando fui criado no Nepal e no norte da Índia, o ritmo de vida não era lá muito veloz. A maioria das pessoas se sentia tranquila. Nossos corpos ficavam relaxados, e nos sentávamos a qualquer hora para um chá. Sorríamos com facilidade. Evidentemente, enfrentávamos um sem-número de dificuldades, como pobreza e falta de oportunidades, mas o estresse e o ritmo frenético não eram parte desse panorama.

Porém, à medida que esses lugares foram se desenvolvendo, o ritmo da vida se acelerou. Havia cada vez mais automóveis nas ruas, e mais pessoas com empregos que cobravam prazos e metas. Muita gente tinha experimentado um cheirinho da vida de classe média e queria sua fatia. Percebi que as pessoas começaram a apresentar sinais de estresse, físico e mental. Tinham mais tiques nervosos, ficavam inquietas, balançando as pernas debaixo da mesa. O olhar era menos sereno — os olhos se moviam para todo lado — e o sorriso era menos franco.

Eu mesmo senti isso quando comecei a trabalhar em iniciativas complexas. Havia lançado um projeto de vários anos para preservar os textos de meus ancestrais, e por conta disso precisava me deslocar até o outro lado da cidade. Já acordava com a cabeça no escritório. Meu mundo de sensações martelava o tempo todo: *Anda, anda, anda! Escova os dentes correndo e cospe! Enfia o café da manhã inteiro na boca, mastiga uma vez e engole! Você não tem tempo para isso!*

Cruzando a cidade de carro até meu escritório, o tráfego de Katmandu era quase insuportável. *Pisa no acelerador! Tudo bem se você atropelar alguém — não importa! Chegue logo e pronto!* Já me sentia esgotado no momento em que entrava no escritório. Dava um oi rápido a todos, sem me deter para cumprimentá-los devidamente. Só queria sair dali o mais rápido possível.

Às vezes eu dava uma fugida, ia para algum lugar, qualquer lugar — um café, por exemplo. Ali, sentado sem nada em especial para fazer, tentava me acalmar, mas continuava me sentindo ansioso e inquieto. Meu ser inteiro parecia uma enorme massa disforme — meu corpo, minhas sensações e minha mente eram só estresse, sem motivo especial.

Mas um dia eu decidi desafiar a mim mesmo. Iria começar a respeitar o limite de velocidade do meu corpo, sua velocidade natural, em vez de ceder a um frenesi insistente e distorcido. Disse a mim mesmo: *Vou fazer tudo normalmente, no devido ritmo.*

Ao chegar ao trabalho, cheguei ao trabalho. Não vou deixar essa pressa mandar em mim.

Atravessei a manhã relaxado, avançando em um ritmo que me convinha. Alonguei-me na cama antes de me levantar. Escovei os dentes corretamente, tomando o tempo necessário para fazer direito. Quando a pressa tentava mandar em mim — *Mais rápido, anda logo! Pega qualquer coisa para o café e come no carro!* —, eu não dava ouvidos.

Eu estava respeitando o limite de velocidade do meu corpo. Ao sentar-me para o café da manhã, mastigava direitinho, saboreando minha refeição. Dirigi na velocidade correta, sem uma sensação de pressa. Até desfrutei do caminho. Sempre que a pressa me dizia para acelerar — *Anda logo!* — eu sorria e balançava a cabeça. No fim das contas, acabei chegando ao trabalho quase no mesmo horário de antes.

Ao entrar, senti-me fresco e relaxado. O escritório me pareceu mais calmo e bonito do que eu tinha na memória. Sentei-me e tomei um chá com minha equipe, olhando a todos nos olhos e cumprimentando-os de verdade. Não havia urgência de ir embora.

Como achar nosso chão

Gostaria de começar pelo chão. Na minha tradição, gostamos de construir coisas — templos, conventos, mosteiros, estupas. Talvez seja uma forma de compensar nossas raízes nômades. Em todo caso, nossas metáforas costumam ter a ver com construção. Como qualquer engenheiro sabe, é importante ter uma fundação sólida, sobre a qual se constrói. Na meditação, também é importante começar por uma fundação sólida e saudável.

O material bruto são nosso corpo, nossa mente e nossas sensações. Trabalhamos com os pensamentos e as emoções — nossa felicidade e tristeza, nossos problemas e desafios. No caso da meditação, essa fundação sólida faz com que tenhamos os pés no chão e estejamos presentes e conectados. Hoje em dia, por vários motivos, isso pode ser meio difícil. Por isso, gosto de iniciar minha própria prática e a de meus alunos com um exercício de pés no chão: uma forma de localizar o corpo, assentar-se no corpo, conectar-se ao corpo. A sobrecarga de nossa mente parece incessante, deixando-nos muitas vezes ansiosos, cansados e sem chão. Por isso, este método deixa de lado os pensamentos que rodopiam, trazendo de volta a consciência do corpo e o estar nele por um instante. É a hora de reconectar nossa mente e nosso corpo, e encontrar nosso chão.

A TÉCNICA DO ATO DE SOLTAR

A primeira técnica que eu gostaria de compartilhar é o *ato de soltar*, que visa romper o hábito de sermos pegos em nossa mente consciente — perdidos em pensamentos — e desconectados do nosso corpo. O *ato de soltar* é menos uma meditação e mais uma forma de nos livrarmos temporariamente do fluxo de pensamento estressante, da pressa e da preocupação constantes. Ela nos permite aterrissar no momento presente, de uma maneira sólida e encarnada, e nos prepara para a meditação.

No ato de soltar você faz três coisas ao mesmo tempo:

1. Ergue os braços e em seguida solta as mãos até baterem nas coxas.

2. Expira forte e ruidosamente.
3. Libera a sua consciência de pensar no que seu corpo está sentindo.

Fique só descansando, tomando consciência do seu corpo, sem pensar em qualquer tema específico. Sinta seu corpo e todas as suas sensações: agradáveis ou desagradáveis, calor ou frio, pressão, cócegas, dor, prazer, o que quer que lhe venha à consciência. Não importa quais sejam as sensações. Se não sentir nada, tudo bem também — fique ali, com essa dormência.

Em resumo, portanto: solte, repouse e relaxe. Deixe simplesmente essa consciência tomar conta do seu corpo. A ideia não é buscar nenhum estado especial, nem procurar uma sensação específica. Não há como fazer errado, porque não há sentimentos e sensações certos ou errados; eles simplesmente são. Como temos um forte hábito mental de retomar a consciência e perder a pista de nosso corpo ancorado, você pode fazer o ato de soltar quantas vezes precisar, para interromper seus pensamentos.

Faça essa experiência por apenas cinco minutos de cada vez: solte as mãos, expire com força e deixe sua consciência recair na sensação do corpo. Fique assim por alguns instantes, um minuto aproximadamente, e então solte de novo. Repita isso tantas vezes quantas forem necessárias.

Deixe-se relaxar por dentro. Permita-se não fazer nada. No começo, pode parecer um pouco estranho, mas com a prática vai ficando mais natural e espontâneo.

À medida que a consciência vai assumindo seu corpo, perceba como o corpo está ancorado, sua mundanidade, seu peso e serenidade naturais. Perceba seu ponto de contato com o chão ou a cadeira. Permita uma sensação simples de tranquilidade de ser:

só o seu corpo, um invólucro terreno de carne, nervos e ossos, sentado ali, sem fazer nada por algum tempo.

COMO APRENDER A RELAXAR

O relaxamento é uma coisa curiosa. Todos desejamos esse estado, mas atingi-lo é surpreendentemente difícil. Costumamos pensar no relaxamento como o contrário do estado de alerta. Estar alerta e consciente é nosso "modo *on*" quando fazemos as coisas, enquanto o relaxamento seria uma forma de desligar e colocar nossos sistemas em modo de repouso.

Quando pensamos em relaxamento, pode ser que nos imaginemos desabando no sofá com um controle remoto na mão e nada na mente. Esse relaxamento no tédio proporciona um alívio temporário, mas não atua na raiz do estresse, que permanece subjacente, e acabamos não nos sentindo tão renovados quanto gostaríamos.

O ato de soltar é uma abordagem diferente para o relaxamento. É um relaxamento mais profundo, interior, conectado a nosso corpo e nossos sentimentos, sem tentar escapar deles para relaxar em outro lugar. Em vez de cultivar um estado de tédio como antídoto para o estresse, aprendemos a relaxar com consciência e atacar a raiz desse desequilíbrio que nos leva a viver perdidos em nossos pensamentos.

Para muitos iniciantes em meditação, pensamentos inquietantes podem dar a sensação de um obstáculo intransponível — muitas vezes ouvimos de pessoas que acabaram de iniciar a prática frases como: "Minha mente está descontrolada. Não consigo fazer isso!". O ato de soltar ataca esse dilema universal: nossos pensamentos não param, e podem inviabilizar a meditação.

O ato de soltar nos proporciona um clareamento da mente, ainda que por alguns instantes, para reiniciarmos a partir de uma posição ancorada, encarnada. O ato de soltar rompe o fluxo estressante dos pensamentos, preocupações e pressa constantes, preparando-nos para todas as outras práticas de meditação. Por isso, começamos por ela.

Experimente estes mantras para soltar tudo

Às vezes pode ajudar usar um mantra — uma frase que você repete silenciosamente para si mesmo — enquanto realiza a prática do ato de soltar. Há dois mantras que eu gosto de usar; experimente cada um deles para ver qual funciona melhor para você. Eis o primeiro:

Assim que suas mãos baterem nas coxas, repita para si mesmo este mantra, em pensamento ou em voz baixa, sem parar: "E daí? Quem liga? Não é nada de mais".

Essa fala envia uma mensagem a nossa mente ansiosa e inquieta. É um lembrete para a parte da nossa mente que se preocupa em excesso — que leva tudo um pouco a sério demais. É claro que se preocupar, até certo ponto, é útil e importante, mas muitas vezes a preocupação se mistura com um excesso de ansiedade, transformando-se numa preocupação exacerbada e neurótica. Este mantra é, portanto, um antídoto para tudo isso.

Você também pode experimentar este: "O que tiver que ser será. O que não tiver que ser não será". Você pode repetir este sem parar dentro de sua mente, ou sussurrá-lo para si mesmo, se ajudar.

Essa mensagem nos relembra que devemos seguir o fluxo da experiência, em vez de tentar tudo controlar. Embora racionalmente saibamos disso, é preciso relembrar nosso corpo sensorial. É nele que a pressa se exprime, é nele que o estresse se acumula.

Esses mantras têm outro objetivo: fortalecer a comunicação entre nossa mente cognitiva e nosso corpo sensorial. Como vamos ver na próxima técnica, essa relação muitas vezes pode ser tensa — e isso pode causar problemas.

DANIEL GOLEMAN: A CIÊNCIA

Fui criado em uma cidade pequena da Califórnia, frequentei uma escola pública no ensino médio, mas depois entrei em uma faculdade particular hipercompetitiva, mais a leste. Lá, empaquei em uma disciplina obrigatória do primeiro ano, cálculo. Eu nunca tinha ouvido falar de cálculo, assunto muito além da matemática que eu aprendera na escola pública.

Ao contrário dos meus colegas de faculdade, em sua maioria saídos de cursos preparatórios com foco no ensino superior, eu não tinha estudado pré-cálculo. Na verdade, eu nunca tinha sequer ouvido os termos *pré-cálculo* e *curso preparatório*. Tirei D em cálculo no primeiro ano de faculdade.

Esse revés inicial provocou surtos de ansiedade em mim, em relação a meu desempenho na faculdade. Essa espiral de preocupação continuou mesmo depois que comecei a me sair melhor nas aulas. Era uma ansiedade que parecia desconectada da realidade, retroalimentando-se à revelia de qualquer evidência que a desmentisse.

É assim que as preocupações se tornam tóxicas. Existem três tipos de preocupação. No melhor deles, nós nos preocupamos — ou seja, focamos em um problema e pensamos e repensamos sobre ele — até que tomamos algum passo positivo no sentido de remediá-lo e por fim deixar de lado aquele estado de ansiedade. É a preocupação *produtiva*.

O segundo tipo de preocupação brota quando encaramos uma ameaça ou emergência, e se dissipa quando a situação termina. Focamos de maneira realista em uma ameaça. É a preocupação *apropriada*.

Mas o pior tipo era o que me atingia: aquela preocupação que roda sem parar em nossa cabeça, sem solução. A ciência cognitiva dá a isso o nome de *ruminação*: um receio contínuo, em um fluxo imparável de pensamento. Pesquisas da Universidade de Stanford concluíram que a ruminação não apenas gera nossos piores sentimentos, mas também os intensifica e prolonga.[1] Às três da manhã acordamos em um sobressalto, quando aquele mesmo fluxo de preocupação imediatamente domina nosso foco. Esse tipo de preocupação tóxica se tornou onipresente nos dias de hoje.

Eis o motivo de nossa preocupação: ela é um resquício deixado por nossos ancestrais mais antigos. Durante grande parte da pré-história humana o cérebro serviu como principal órgão para a sobrevivência, sempre fazendo uma varredura do entorno em busca do perigo. Esse mesmo circuito de detecção de ameaças sobrevive no cérebro humano, e durante a maior parte da história humana foi crucial para a sobrevivência de nossos ancestrais: quando esse circuito de vigilância identificava uma ameaça, instantaneamente éramos levados a lutar, fugir ou nos esconder — pelo menos entre aqueles ancestrais que sobreviveram para nos transmitir esse reflexo. Hoje em dia, esses circuitos preparam nossa fisiologia para se ajustar a uma repentina reação forte, que nos estimula a agir — uma resposta por reflexo que vivenciamos hoje como uma súbita e intensa onda de emoções negativas, associada ao impulso para agir.

A amígdala é o radar do cérebro para ameaças; ao menor sinal de perigo, esse circuito toma conta do córtex pré-frontal — a central executiva do cérebro — e ativa em nós sentimentos como medo ou raiva.[2] Na pré-história, parece que isso dava certo, quando os perigos detectados pela amígdala eram, por exemplo, animais capazes de nos comer. Mas na vida moderna esse design do cérebro muitas vezes nos atrapalha, por vários motivos.

Para começo de conversa, o sinal recebido pela amígdala cerebral não é nítido. Embora ela tenha uma ligação super-rápida, de um só neurônio, com o olho e o ouvido, a maior parte da informação que entra no cérebro vai para outro lugar. A amígdala enxerga as coisas como uma tela de TV só com estática. Além disso, o bordão da amígdala para tomar decisões é "o seguro morreu de velho" — ela se decide repentinamente e com base em pouca informação. Mas na vida moderna as "ameaças" raramente são físicas. Refletem, em vez disso, uma realidade simbólica complexa, do tipo *Ele não me trata bem*. Resultado: com excessiva frequência, a amígdala toma conta da central executiva de formas que nos levam a tomar atitudes das quais depois nos arrependemos.

A amígdala toma conta de nossos circuitos de atenção, fazendo com que a ameaça percebida se torne o foco de nossa atenção. Quando a amígdala é acionada, não apenas focamos nossa atenção na possível ameaça, mas também ficamos trazendo aquele perigo de volta à mente quando nosso foco divaga para outros pensamentos — juntamente com um forte ímpeto emocional de tomar alguma atitude a respeito. Em outras palavras, ficamos preo-cupados.

O tipo de preocupação na qual eu me perdia no meu tempo de faculdade — a ruminação — pode ser aliviado pelo ato de soltar. Embora ainda não haja estudos do cérebro no ato de soltar, daquilo que as pesquisas concluíram sobre a ruminação deduz-se que, quando somos pegos nesse tipo de preocupação, romper esses pensamentos pode limpar nossa mente — de forma parecida com o que acontece quando um susto interrompe abruptamente aquilo em que estávamos pensando. E para lidar com esse tipo de preocupação, tomei o caminho que acabou me levando a estudar com Tsoknyi Rinpoche.

3. Respiração abdominal

TSOKNYI RINPOCHE: A EXPLICAÇÃO

Se eu tivesse que escolher uma palavra para captar o aspecto mais desafiador do nosso estilo de vida moderno, seria *pressa*. O ritmo de nossa vida e de nosso trabalho, aliado à quantidade de informação e estímulo que recebemos o tempo todo, pode mandar para os ares nosso ancoramento e nossa alegria.

A rapidez, o excesso de estímulos e a pressão nos tornam mais sensíveis e vulneráveis. Infelizmente, são forças que continuam a martelar nossos corpos e mentes sensibilizados. Analisando mais detidamente o estresse, percebi que nosso corpo físico e nossa mente cognitiva não são exatamente o problema principal. Nosso corpo se movimenta a uma determinada velocidade. Somos capazes de pensar com bastante rapidez quando necessário. Onde, então, está o problema? O que provoca tanto estresse? É nosso mundo energético — nossos sentimentos, emoções, sensações e fluxo. A chave é essa zona cinzenta, que muitas vezes desprezamos ou ignoramos. A tradição tibetana leva bastante a sério essa área do ser humano e propõe uma série de técnicas e ideias para manter nossa energia equilibrada e saudável.

Como mencionei no capítulo anterior, constatei em minha própria vida e senti em meu corpo os impactos da pressa e do estresse. Isso foi aumentando com o passar do tempo, e começou a me afetar. Fiquei curioso para saber onde esse efeito de fato estava ocorrendo, e cheguei a fazer um checkup médico. Fisicamente, nada havia de errado. Olhando para dentro de mim, vi que minha mente consciente também estava bem — continuava rápida e aguçada. Onde, então, o impacto era tão grande? Dei-me conta de que a pressa e o estresse estavam impactando, acima de tudo, minha energia e minhas emoções — aquilo que hoje chamo de "meu corpo sensorial".

Percebi que minha energia e minha respiração estavam no peito e na cabeça, e não mais abaixo, na barriga. Isso me dava a sensação de agitação, de certo desequilíbrio, de perda do chão. Sentia uma leve pressão na cabeça e um leve ardor nos olhos. Comecei a sentir menos alegria em coisas geralmente engraçadas, e comecei a sonhar acordado com um dia de folga para ficar sem fazer nada, ou com a próxima oportunidade de encaixar umas férias. Ao identificar esse padrão em mim mesmo, comecei a enxergá-lo por toda parte, em pessoas que eu encontrava e nos meus alunos no mundo inteiro.

Por sorte, eu tinha alguma base de treinamento no trabalho com o corpo e a mente e pude aplicar técnicas para remediar essa situação. Quando comecei a compartilhar esses métodos, vi que as pessoas pareciam achá-lo útil. Assim, as técnicas que compartilho neste capítulo são aquelas que ajudaram a muitos de meus amigos e alunos, e a mim mesmo.

> EXPERIMENTE POR ALGUNS INSTANTES: Feche os olhos e solte sua consciência para dentro do corpo. Esteja presente com tudo aquilo que estiver acontecendo. Sinta, simplesmente, como for. Você está se sentindo estressado ou relaxado? Qual a sensação? Consegue distinguir sensações físicas do corpo — frio, calor, dor, prazer, tensão — de sensações mais sutis e de energia, como agitação, pressa, ansiedade, excitação, calma e assim por diante? O que quer que esteja acontecendo, não resista nem se preocupe, apenas sinta.

Os três limites de velocidade

Naquela manhã em Katmandu, quando me propus a desacelerar, a experiência de deslocar-me à velocidade natural do meu corpo me ajudou a compreender uma importante distinção entre meu corpo, minha mente consciente e minha energia. Para minha surpresa, quando busquei a raiz do problema — o estresse —, não consegui encontrá-la em meu corpo, nem em minha mente. Percebi que existem três tipos de velocidade: a física, a cognitiva e a sensorial ou energética. Eu podia caminhar e me deslocar rapidamente sem estresse ou tensão. Meu corpo era capaz de se movimentar com a velocidade que precisasse, esse não era o problema. Minha mente era capaz de pensar de forma rápida e criativa; tudo bem com isso também. Era meu *mundo sensorial* que estava fora do prumo, distorcido. Dei-me conta, então, de que o estresse se acumulava no mundo energético, no mundo sensorial. Quanto mais eu compreendia o que estava ocorrendo dentro de mim, mais eu constatava aquilo fora de mim também, no mundo inteiro. Qualquer que seja o nome — pressa, ansiedade, inquietação, estresse —, creio que quase todos nós somos capazes de falar sobre isso.

Dei a essa compressão o nome de *três limites de velocidade*: o limite de velocidade *físico*, o limite de velocidade *mental* e o limite de velocidade *sensorial* ou *energético*. O corpo tem a sua própria velocidade sadia, mas o mundo sensorial pode ser acelerado de forma distorcida. Essa sensação — de energia inquieta e ansiosa — não é sadia. É distorcida por não ser racional; está em descompasso com a realidade. A energia inquieta nos manda chegar *já*, mesmo quando não somos capazes disso. A ansiedade nos diz que *vamos morrer*, quando não vamos.

Para ajudar a distinguir o limite de velocidade do corpo do limite de velocidade sensorial, imagine que você precisa limpar uma sala enorme. Você entra e vê o que precisa ser feito. Tirar os móveis do lugar, tirar o pó, passar um pano, passar o aspirador — tudo isso vai levar mais ou menos uma hora. Esse é o limite do mundo físico. O mundo sensorial, porém, pode ser de dois jeitos: ou sereno, ou nos dando pancadas o tempo todo: *Acelere! Termine o mais rápido possível! Quero que isso acabe logo!* Se fizermos assim, vamos ficar estressados o tempo todo e esgotados em vinte minutos. Quando nossa energia está relaxada, por outro lado, podemos respeitar nosso limite de velocidade natural e arrumar a sala do mesmo jeito, sem nos sentirmos apressados ou inquietos. Podemos até nos sentir inteiros ao terminar.

Se não distinguirmos esses limites de velocidade, é como se não tivéssemos diagnosticado corretamente o problema, e assim não temos como aplicar o remédio certo. Uma confusão bastante grave é achar que a energia inquieta e a movimentação rápida são a mesma coisa. Por conta disso, ou tentamos desacelerar o corpo, ou tentamos desacelerar a mente consciente. Nenhum dos dois funciona, porque o problema não está no físico nem no cognitivo, e a solução também não. Além disso, essas estratégias geram outros problemas. Se desacelerarmos nosso corpo e nossa mente, podemos começar a não atuar de forma adequada no mundo. Podemos começar a sentir medo e nos distanciar do mundo, como se ele fosse um inimigo. Mas precisamos agir; a vida é veloz, e não podemos desacelerá-la. No mundo, é preciso correr. Precisamos movimentar nosso corpo e precisamos usar a nossa mente. Pensar rápido é bom, é útil! Qual seria, então, essa terceira parte do nosso ser, essa área imprecisa do mundo sensorial? Creio que essa é a chave para compreender e trabalhar com o estresse.

Solte a consciência dentro do corpo e sinta as sensações e energias, quaisquer que sejam. Se forem apressadas e ansiosas, sinta-as; se elas forem relaxadas e ancoradas, sinta-as. Sentado ou de pé, comece a sacudir o corpo e mova os quadris, ombros e braços, como se estivesse dançando ao som de sua música preferida. Brinque com os movimentos quando estiver tenso por dentro e quando estiver relaxado por dentro. Verifique como você se sente. Verifique se consegue se movimentar normalmente, até mesmo rapidamente, quando não há nenhuma tensão interna.

A energia e o corpo sutil

Na tradição tibetana, damos a esse sentimento difuso o nome de *corpo sutil*. E à energia que flui através dele damos o nome de *lung*, que é mais ou menos equivalente ao *chi* chinês ou *prana* nas tradições indianas. Por falta de termo melhor em português, podemos chamá-la de *energia*. O *corpo sutil*, que é o mundo de sensações e energias, atua entre a mente cognitiva e o corpo físico. Na fisiologia iogue tibetana tradicional, o corpo sutil é composto de *prana* (energias), *nadi* (canais) e *bindu* (essências). Os *nadi*, ou canais, são a "estrutura", e são mais ou menos equivalentes aos meridianos na medicina tradicional chinesa, que são o campo de ação da acupuntura. Nossos canais podem ser lisos ou nodosos, bloqueados ou abertos. Nossa *prana*, ou energia, corre através desses canais e pode fluir livremente ou ficar presa, ser equilibrada ou desregulada. Nossas *bindu*, ou essências, são como sementes de alegria, êxtase, inspiração, clareza e amor (voltaremos à *bindu* em um capítulo posterior).

O mais importante, por ora, é a *prana*, as energias. A *prana* tem uma forte correlação com a respiração. Na verdade, uma forma alternativa de se referir à *prana*, ou *lung*, é "ventos". A respiração chega a ser considerada uma forma física mais rudimentar de *prana*, e afeta as energias interiores mais sutis. Quando respiramos de forma fraca e irregular, como quando levamos um susto ou estamos nervosos, ela agrava a tensão e a energia do estado de espírito ou da emoção. Quando respiramos de forma profunda e suave, isso ajuda a regular e acalmar as energias interiores.

No sistema tibetano, uma de nossas principais energias é a chamada *energia ascendente*. É a energia que se eleva quando precisamos agir, reagir, nos mover rapidamente, pensar rapidamente, para realizar alguma coisa. Essa capacidade de reagir com rapidez a situações dinâmicas é muito útil na vida cotidiana e em emergências. Em um sistema sadio, depois que a *energia ascendente* cumpriu seu papel, ela retorna ao estado de repouso abaixo do umbigo, e podemos relaxar e nos restaurar.

No entanto, quando essa energia é cronicamente superestimulada, ela não retorna a seu lugar natural de repouso. Pode ficar presa na parte superior do corpo — cabeça, pescoço, ombros, peito e parte superior das costas, e fica zunindo pela metade superior do corpo, martelando sem parar. Começamos então a sentir os sintomas do estresse crônico. Alguns sinais físicos comuns são: ardência e lacrimejar nos olhos, boca e lábios secos, dor de cabeça, tensão na nuca e nos ombros, e incômodo no peito. Podemos nos sentir vulneráveis, acovardados, fora de prumo, sem chão. A energia inquieta também provoca preocupação e ansiedade.

Podemos imaginar isso como uma casa de três andares. O primeiro andar é o corpo físico, o segundo andar é a energia ou o mundo sensível, e o andar de cima é a mente. Quando o segundo andar, o mundo das sensações e energias, está desequilibrado, fica o tempo todo "batendo no teto" da mente, provocando as tais inquietude e ansiedade. Também fica "batendo no chão" do corpo, provocando vários sintomas de estresse. Quando o segundo andar está sereno e equilibrado, podemos movimentar nosso corpo com velocidade e pensar de forma rápida e criativa — sem deixar de nos sentir relaxados e sadios. O segundo andar, das sensações e energias, é onde acumulamos o estresse e onde podemos aprender a ser serenos.

> EXPERIMENTE: Desligue a consciência dentro do corpo e sinta as sensações e energias. Demonstre um pouco de curiosidade. Onde está a energia? O que é a energia? O que está sendo apressado? O que estamos propondo é menos uma experiência e mais uma busca, a descoberta de algo que já existe.

O problema é quando ultrapassamos nosso limite de velocidade no mundo sensorial. A vida moderna avança velozmente, e cada vez mais cedo vamos acumulando coisas e mais coisas. Minha filha conciliava dever de casa, provas, prazos, hobbies, deslocamentos e redes sociais, tudo isso quando ainda era adolescente. Acrescentando um emprego e uma família, a pressa e a falta de tempo só fazem aumentar. Essas pressões externas se internalizam em nosso sistema sensorial.

O tempo todo ultrapassamos nosso limite de velocidade natural para continuarmos em dia e no comando das situações, o que gera expectativas e medos. Com excessiva frequência estamos correndo, sempre indo além. Por medo inconsciente de ficar para trás ou não aguentar, ignoramos mensagens do mundo sensorial para desacelerarmos, darmos um tempo ou fazermos mudanças. Tudo isso leva a um comprometimento da nossa ancoragem natural.

No capítulo anterior, aprendemos o ato de soltar como forma de sairmos de nossa mente consciente e nos assentarmos em nosso corpo. Essa técnica, se praticada repetidamente, pode eliminar grande parte do estresse desnecessário. Ela ajuda a nos sentirmos mais ancorados e encarnados. Mas nem todo estresse é tão fácil de soltar. Algumas formas de estresse se instalam mais profundamente em nosso corpo, mente e mundo sensorial. São os chamados *padrões habituais*. Quando ultrapassamos nosso limite de velocidade natural — na escola, no trabalho, em casa — por muitas vezes, chega uma hora em que o estado de desequilíbrio se torna um hábito ou padrão subconsciente.

Com o passar do tempo, isso pode se transformar em um transtorno energético — aquilo que no Ocidente poderia ser chamado de ansiedade crônica: constatamos que é impossível se acalmar por dentro, ainda que essa seja a nossa vontade. Mesmo quando nosso corpo está relaxado por fora, por dentro ele continua a se mexer. Tentamos relaxar, mas não conseguimos desligar. É uma agitação constante, como um motor em ponto morto, mas com o pé no acelerador. O motor gira, mas não vamos a parte alguma. Muitos de nós já ficamos acordados à noite na cama, quando deveríamos estar relaxando adormecidos, mas não conseguimos. *Zummmmmmm* — uma energia que zumbe e murmura percorre o corpo inteiro; rolamos na cama inquietos, pensando no trabalho, preocupados com isso ou aquilo. Essa sensação é consequência de um resíduo de energia desequilibrada e desordenada. É nisso que precisamos trabalhar, para retreinar, para transformar. As práticas aqui apresentadas focam em como acalmar nossa energia. É como uma chave secreta para eliminar o estresse.

A pressa, o estresse, a ansiedade e a inquietude não estão arraigadas na mente — uma mente acelerada não constitui um problema. Um corpo que se move com velocidade não constitui um problema. Precisamos *entender* quando estamos acelerados, *sentir* a energia inquieta, e trabalhar nossa *respiração* para reequilibrá-la. Fazendo isso, um dia acabaremos por encontrar o equilíbrio em nossa energia. Veremos com clareza a distinção entre os três limites de velocidade e como lidar com eles. Vamos aprender a desacelerar o mundo sensorial, mas também perceber que o corpo e a mente não precisam desacelerar. Poderemos, então, caminhar com rapidez, porém com calma. Nós podemos pensar de maneira rápida e muito criativa, mas mantendo uma energia serena. Essa é a meta.

Pense em um mestre do kung fu — Bruce Lee é o meu favorito. Os mestres do kung fu conseguem se mexer com grande velocidade, e precisam de mentes aguçadas e alertas. Porém, quando são bons, mantêm a serenidade. Nossa energia é naturalmente calma e inteligente. Tendo isso como base, nosso corpo e nossa mente avançam. Quando nossa energia está inquieta, temos sintomas como ansiedade. Quando nossa energia está equilibrada, a probabilidade de ficarmos apressados, inquietos e ansiosos é muito menor. Mesmo quando estamos apressados, nos recuperamos muito mais rapidamente. Por isso é tão importante fazer a distinção entre a energia sadia e a energia nociva. Precisamos de energia sadia para lidar com o mundo.

Com essas técnicas de consciência respiratória, um dia chegaremos à sincronização. Seremos capazes de trabalhar com a nossa energia. Saberemos muito bem que parte de nós precisa relaxar e que parte precisa de estímulo. Em outras palavras, teremos aprendido a movimentar os mundos físico, mental e sensorial. Saberemos até que ponto a rapidez é benéfica e até que ponto a lentidão é benéfica. Assim como um bailarino talentoso coreografa o movimento, a imobilidade, o ritmo e a expressão, vamos ser experts no equilíbrio de todos esses aspectos. Então a vida se tornará verdadeiramente agradável. Os mundos da energia e dos sentimentos serão muito relaxados, a mente será clara e aberta, e o corpo se movimentará de forma suave e fluida. Quando nada nos pressiona, toda a nossa atividade se transforma em uma dança, uma celebração.

A prática

Existem quatro técnicas suaves de respiração particularmente úteis para lidar com a energia ascendente. São métodos que retreinam a energia para que ela desça para baixo do umbigo — seu lar natural — e ali repouse. Isoladamente, são práticas benéficas, mas também podem ser feitas em conjunto, para um treinamento mais abrangente. São elas:

1. Respiração abdominal profunda, ou "a respiração do bebê";
2. Varredura corporal, sentindo nossa energia inquieta;
3. Conexão da energia inquieta e da consciência com a respiração, trazendo-as para abaixo do umbigo;
4. Método extrassuave, que usa sobretudo a intencionalidade, com controle muscular mínimo.

MÉTODO NÚMERO 1: RESPIRAÇÃO ABDOMINAL PROFUNDA, OU A RESPIRAÇÃO DO BEBÊ

Em geral, quando estamos assustados, emocionalmente ativados ou simplesmente estressados, respiramos de forma mais rápida e curta, e mais no peito. Isso acontece de forma inconsciente, mas com o passar do tempo pode se tornar um hábito, e nosso corpo se esquece do jeito natural e relaxado de respirar. Em minha tradição, acreditamos que o jeito natural é respirar profundamente.

Encontre uma posição relaxada para trabalhar sua respiração. Pode ser sentado ou deitado. Se estiver sentado, seja no chão ou em uma cadeira, tente encontrar uma postura em que suas costas estejam eretas, mas relaxadas, e não retesadas. A posição das mãos e dos pés não é tão importante; todos nós temos corpos diferentes. Experimente posturas e veja qual lhe permite sentir-se ereto, porém relaxado. Qualquer que seja a posição escolhida, o mais importante é estar relaxado.

DICA: *Se estiver sentado em uma cadeira, experimente cruzar as pernas na cadeira ou então sentar-se de modo a plantar os dois pés no chão. Caso não consiga, não se preocupe. Se estiver deitado, tente ficar com as costas apoiadas no chão e a coluna reta e, se possível, com as pernas dobradas e os pés plantados no chão.*

Em seguida, coloque as mãos na parte de baixo da barriga. Os polegares devem ficar mais ou menos na altura do umbigo. Relaxe os ombros e os braços. Comece a respirar suavemente, a partir do abdome, deixando a barriga e as mãos subirem e descerem a cada respiração. Deixe a consciência repousar a cada subida e descida da barriga e das mãos. Tente relaxar completamente o pescoço, os ombros e o peito, de modo a não haver tensão. Deixe a parte de cima do corpo repousar totalmente, enquanto a parte inferior do abdome realiza a maior parte do movimento.

DICA: *Caso tenha dificuldade de encontrar a respiração no abdome ou de relaxar com ela, experimente deitar-se de costas, com as pernas dobradas e os pés plantados no chão. Coloque sobre a barriga um objeto pesado, como um livro grande. Sinta como ele sobe e desce suavemente quando você pratica a respiração abdominal. Isso pode ajudá-lo a estabilizar o corpo e a consciência nessa prática.*

Quando sentir que está relaxado e respirando em um ritmo regular, respire mais profundamente, deixando a barriga e as mãos subirem e descerem a cada respiração. Introduza, então, pequenas pausas depois de reter todo o ar internamente dentro de você, e outras soltando o ar para fora de você. Em outras palavras, depois de expirar, faça uma pausa de alguns segundos antes de começar a inspiração seguinte. Ao fim da inspiração, prenda a respiração por alguns segundos antes de começar a expiração. Essas pausas devem ser relaxadas e confortáveis, e durar apenas alguns segundos. Não se trata de uma competição, e nem sempre mais é melhor. É um treinamento gradual, e estamos apenas explorando uma nova forma de respirar.

DICA: *Em algum momento você perceberá qual das pausas é mais benéfica: antes de inspirar ou antes de expirar. Qualquer que seja, continue. O progresso vem com o tempo, à medida que nos sentimos cada vez mais à vontade segurando a respiração, e a retenção vai se prolongando naturalmente.*

Por fim, apenas continue relaxando e fazendo a respiração abdominal. Permita que seu corpo desfrute dessa forma de respirar rítmica e profunda. Deixe todo o seu sistema se acalmar e se libertar, como um bebê, sem preocupações com o mundo. Continue pelo tempo que for confortável. Esse método de respiração abdominal profunda tem muitos benefícios, mesmo sem as técnicas subsequentes.

◆

MÉTODO NÚMERO 2: VARREDURA CORPORAL

O objetivo da *varredura corporal* é encontrar nossa energia inquieta, nossas sensações de ansiedade, e nos conectarmos com ela. É importante, aqui, trazer uma atitude de gentileza e curiosidade. Do contrário, podemos começar a pensar em nossa pressa como um inimigo, ou uma doença que precisa ser eliminada. Devemos, ao contrário, tratá-la com doçura, como uma criança agitada demais. Esse método é um pouco diferente de outras técnicas tradicionais de varredura corporal — por exemplo, aquelas que focam na "conscientização sem escolha" —, porque aqui optamos por prestar atenção na energia inquieta. Assim como na respiração abdominal, a varredura tem vários benefícios por si só, mas também pode ser uma importante preparação para a terceira prática, o *khumbak*, ou respiração do vaso suave.

Comece encontrando uma postura confortável, em que sua coluna fique ereta, mas seu corpo inteiro esteja relaxado. Pode ser sentado ou deitado. Comece com uma prática do ato de soltar por algumas respirações, e, se tiver tempo, alguns minutos de respiração profunda.

Em seguida, traga a consciência para seu corpo sensorial energético e explore-o em busca da energia inquieta. Existem duas formas de varredura: percorrendo o corpo com a consciência, ou levando a consciência aonde necessário. Caso você já saiba onde se encontra a energia inquieta, pode ir direto para lá. Caso contrário, pode percorrer relaxadamente com a consciência pela cabeça, rosto, pescoço, ombros, parte de cima das costas e peito. Lembre-se de ser curioso e gentil. O foco principal é simplesmente fazer uma conexão direta com as sensações e sentimentos; neste estágio, não há outra intenção. Não estamos em busca de sensações ou sentimentos específicos, nem tentando alterar nossa experiência neste momento. Estamos apenas explorando a pressa e a inquietude.

———— · ✦ · ————

As sensações e sentimentos associados à energia inquieta podem ser bastante sutis. À medida que você explorar mais, será capaz de notar sensações físicas mais explícitas, como retesamento, dor, calor e secura, e outras mais sutis, como cócegas, vibrações e agitações. Dê continuidade a essa prática, fazendo repetidamente essa varredura, sendo apenas curioso e aberto a tudo aquilo que sentir.

MÉTODO NÚMERO 3: RESPIRAÇÃO DO VASO SUAVE
COM RETENÇÃO

Essa é uma versão mais suave de uma técnica clássica chamada *respiração do vaso*. Embora essa versão modificada seja apropriada para a prática sem supervisão, peço que siga as instruções atentamente e escute seu corpo.

A *respiração do vaso suave* é onde tudo se junta. Aprimoramos nossa habilidade com a respiração abdominal e a varredura corporal, e aprendemos a reunir a respiração, a energia inquieta e a consciência, e mantê-las sob o umbigo. Essa prática precisa ser bastante repetida, porque estamos *retreinando um hábito energético*. É muito importante que o corpo permaneça relaxado e a pressão seja *muito suave*; se nos retesarmos e forçarmos muito, essa prática pode ser contraproducente e deixar nossa energia ainda mais desequilibrada. Se ficarmos tensos demais, principalmente na parte superior do abdome, perto do esterno e do plexo solar, podemos ter uma sensação de bloqueio de energia, "quicando" de volta para o peito e a cabeça. Isso pode nos deixar até piores, temporariamente.

Essa é uma prática sutil; é preciso ir ajustando-a pouco a pouco até encontrar o equilíbrio correto. Podemos usar duas imagens para ajudar a entender e visualizar essa prática: a *prensa francesa* e o *balão*. Essas duas técnicas podem gerar experiências distintas; por isso, brinque com elas até descobrir qual lhe parece mais natural e benéfica.

Comece ficando em uma postura com a coluna ereta, porém com o corpo inteiro relaxado, sentado ou deitado. Comece alguns minutos de preparação do corpo. Em seguida, faça a varredura em busca da energia inquieta — sinais de ansiedade ou agitação. Quando sentir que se conectou à energia, passe ao estágio seguinte.

A PRENSA FRANCESA: Sempre relaxado e ancorado, expire completamente. Enquanto estiver inspirando pelas narinas, imagine que a respiração está se misturando à energia inquieta e apressada e pressionando-a suavemente para baixo, como uma prensa francesa lentamente empurrando o pó de café para baixo do recipiente de vidro. A energia inquieta está sendo levada da parte de cima do corpo para baixo do estômago, na direção de seu lugar natural, abaixo do umbigo. Em seguida, prenda a respiração lá embaixo por alguns segundos. A energia precisa ser retida no "vaso"; por isso, pressionamos *muito suavemente* para baixo com os músculos que usamos para defecar, de modo a reter tudo lá embaixo. Não é preciso forçar muito. Expire completamente, em seguida inspire. Repita várias vezes.

O BALÃO: Do ponto de vista físico, esta pratica é essencialmente igual à anterior, mas algumas pessoas acham a imagem da prensa francesa forte demais e acabam exagerando. Por isso, em vez de uma prensa francesa, imagine que há um balão na parte de baixo da sua barriga, abaixo do umbigo. Nesta versão, não imaginamos nada empurrando nada de cima para baixo. Cada inspiração enche o balão, e cada expiração esvazia o balão.

Ainda relaxado e ancorado, solte o ar totalmente, esvaziando o balão. Ao inspirar, imagine o balão se enchendo abaixo do umbigo e sugando a respiração e a energia inquieta para baixo. Quando ele estiver cheio, "aperte" suavemente a pontinha do balão, para impedir que a energia fuja, pressionando para baixo de forma bem suave os músculos que usamos para defecar. Prenda a respiração por alguns segundos. Solte o ar totalmente e repita várias vezes.

Quando prender sua inspiração assim, ela não deve ficar retida até você sentir incômodo ou falta de ar. Comece com apenas alguns segundos, e vá aumentando a duração gradualmente ao longo dos dias ou semanas. Mantendo uma prática regular, sua capacidade vai aumentar gradualmente, sem forçar. Se, por exemplo, você começar com dois ou três segundos, pode ir aumentando até dez, e depois quinze a vinte segundos, com o passar do tempo.

Isto é muito benéfico, porque o aumento da retenção é, muitas vezes, um sinal de mais relaxamento do corpo sutil, e de maior controle das energias.

Caso sinta retesamento na cabeça ou no peito, tontura ou enjoo, pode ser que você esteja ficando mais tenso, forçando demais ou prendendo a respiração por tempo demasiado. Interrompa a prática e relaxe por algum tempo. Tente praticar a respiração abdominal suave e a varredura corporal para verificar onde a tensão está aumentando. E tente relaxar.

MÉTODO NÚMERO 4: O MÉTODO EXTRASSUAVE

Este método final é para quando tivermos adquirido proficiência nas demais técnicas. Quando estivermos à vontade com a respiração abdominal, pudermos conectar nossa energia inquieta com nossa consciência, e pudermos levar nossa energia inquieta para repousar em seu lugar natural, abaixo do umbigo, podemos experimentar esta quarta técnica. Criamos um elo entre energia e consciência, e a partir daí podemos usar esse elo para levar para baixo a energia inquieta, quase sem esforço. É possível que você de fato sinta o benefício das técnicas anteriores, mas, quando se levanta e tem que fazer outras coisas, a energia inquieta brota de novo e é reativada. Afinal de contas, não conseguimos conversar e interagir normalmente com a respiração presa! Esta técnica ajuda a conectar essas práticas com a vida cotidiana. Ela nos permite manter alguns benefícios sem deixar de conversar, andar, trabalhar e interagir.

> Comece apenas conectando-se mentalmente à energia do corpo e soltando o ar. Enquanto estiver inspirando, imagine estar trazendo a respiração, a energia e a consciência para abaixo do umbigo. Aplique uma leve contração muscular, quase um lembrete para o corpo, e em seguida mantenha cerca de 10% da sua energia e respiração embaixo, no "vaso", e inspire e expire normalmente em cima, mantendo o peito e os ombros relaxados e naturais. Tente ficar o mais natural e normal possível. Esta é uma prática tão sutil, ninguém precisa perceber o que você está fazendo.
>
> No começo, seremos o tempo todo distraídos pelo cotidiano, o que nos faz perder esta prática sutil. Por isso, sempre que a perdermos, só precisamos de uma respiração para nos conectarmos de novo. Simplesmente repita-a, o tempo todo. Gradualmente, vai se formar um hábito novo, e será cada vez mais fácil. Vamos nos sentir mais ancorados ao longo do dia. Perceberemos que muitas situações antes estressantes ficarão mais fáceis de gerir. É verdadeiramente útil em reuniões intermináveis!

DANIEL GOLEMAN: A CIÊNCIA

Minha esposa e eu estávamos em um táxi com Tsoknyi Rinpoche, a caminho da estação ferroviária de Déli. Era março de 2000, e tínhamos reservas no trem que subiria até Dharamshala, onde eu seria o moderador de um encontro entre o Dalai-Lama e um grupo de psicólogos com o tema "Emoções Destrutivas".

Saímos com tempo de sobra, mas o tráfego engarrafado começou a comer nossa margem de tempo. Falando francamente, comecei a ficar tenso, muito receoso de perder o trem — uma emoção destrutiva tomou conta de mim.

Minha ansiedade transbordou quando nosso táxi parou em um sinal vermelho no cruzamento de duas grandes avenidas, que mais pareciam um estacionamento apinhado de carros (e um ou outro carro de boi, riquixá e vaca), e não duas vias públicas. O farol ficou vermelho por um tempo que me pareceu serem minutos intermináveis.

Uma palavra em prateado bem no meio do farol vermelho — *relaxe* — não fez diferença em meu estado. Eu não conseguia relaxar, estava cada vez mais tenso. Minha cabeça rodava com o festival de cores, sons e odores, como um furacão à nossa volta. Embora nossa faixa de trânsito não andasse, motoristas em toda parte demonstravam impaciência, numa cacofonia crescente de buzinas. Senti minha ansiedade aumentando no engarrafamento, que parecia um nó incompreensível e impossível de desfazer.

"Caramba, cara!", disse a Rinpoche. "Esse trânsito travou. Estou começando a ficar preocupado com o trem."

Rinpoche respondeu com uma voz suave e serena: "Dá para sentir a energia inquieta? Você consegue localizá-la?".

Fechei os olhos e fiz uma varredura corporal, notando uma agitação de sensações e um retesamento crescente da minha barriga. Fiz que sim com a cabeça.

Rinpoche prosseguiu: "Encontre-a. Sinta-a. Não é você. Não é sua mente, não é seu corpo. É sua energia".

Ele acrescentou: "Primeiro, sinta apenas que você está apressado — e que sensação isso produz no seu corpo. Em seguida, compreenda que você está sintonizando seu mundo sensorial. Descubra em que lugar do seu corpo você sente a pressa da sua energia. Em seguida, inspire e prenda a respiração abaixo do umbigo, enquanto for cômodo para você. Expire lentamente, prendendo uns 10% do ar".

Compreendendo o que ele estava dizendo, inspirei fundo e deixei o ar sair lentamente.

Rinpoche me conduziu desse jeito por várias respirações. E, de forma quase milagrosa, minha tensão se soltou. O sinal ficou verde, o tráfego voltou a andar, e eu me senti mais relaxado.

Ali mesmo, Rinpoche estava me orientando a usar a varredura e o método da respiração do vaso suave. Como acabamos de aprender, essa é uma das várias maneiras de trabalhar nossa respiração para acalmar nossa energia nervosa.

Essas práticas de controle da respiração são antigas na Índia, e de lá passaram para o Tibete entre os séculos IX e XI, junto com o budismo. Várias práticas de controle respiratório foram preservadas e ainda hoje são ensinadas em vários centros do budismo tibetano.

Seu objetivo: acalmar a mente para a meditação. A ciência concorda.

O fato é que existem pesquisas bem fundamentadas demonstrando o poder desses métodos respiratórios. Nas últimas décadas, cientistas voltaram a atenção para esses métodos de controle respiratório, e notaram que seu uso tem um impacto poderoso em nosso estado mental. Resumindo, gerenciar nossa respiração nos ajuda a gerenciar nossa mente.

Partes fundamentais do cabeamento emocional do cérebro são ativadas pela amígdala, nosso radar neural de ameaças. Na vida estressante dos dias de hoje, a amígdala é acionada bem mais do que o necessário, e a pressa à qual ficamos presos aumenta nosso estresse.

Isso nos predispõe à atividade do "sistema nervoso simpático", que prepara nosso corpo para uma emergência: nosso batimento cardíaco aumenta, assim como a pressão arterial, nossos brônquios se expandem e respiramos mais depressa, a digestão é interrompida, o sangue passa de outros órgãos para os braços e pernas (o ideal para lutar ou fugir), e transpiramos.

Essas reações emergenciais são desencadeadas por hormônios como a adrenalina e o cortisol, que mobilizam todos esses sistemas na preparação para uma emergência. Essa reação biológica é ativada com excessiva frequência nos dias de hoje (*Esse motorista braço-duro na minha frente! Esse louco costurando no trânsito! Que crianças complicadas! Que chefe horroroso!*).

Com esse aumento dos hormônios do estresse, ficamos ainda mais propensos a novas reações de estresse. E, como falamos, hoje em dia essa reação também é ativada diante de ameaças simbólicas — como a sensação de ser tratado injustamente —, não apenas para as emergências físicas e de sobrevivência para as quais ela foi criada. Ser tratado de forma injusta incomoda, é claro. Mas não é a ameaça à própria vida para a qual a reação de luta ou fuga foi criada. Mesmo assim, a aparelhagem biológica da sobrevivência física também toma conta quando passamos por uma ameaça psicológica, como um tratamento injusto.

Podemos vivenciar essa reação de luta ou fuga várias vezes em um só dia, muitas vezes sem hora para terminar. E uma reação contínua e prolongada de luta ou fuga sobrecarrega nossa biologia, com consequências de longo prazo, como um agravamento dos processos inflamatórios, uma redução das defesas do sistema imunológico e uma maior suscetibilidade a uma série de doenças agravadas pelo estresse.[1]

Nesse modo de emergência, o foco de nossa atenção passa a ser a suposta ameaça — mesmo quando estamos tentando realizar algo mais importante, ficamos preocupados com aquilo que nos incomoda. É uma reação tão forte que podemos nos surpreender no meio da madrugada pensando nessa ameaça e em como lidar com ela. Como vimos no capítulo 2, esse tipo de receio com ansiedade não serve a nenhum propósito útil. Alguns podem ficar tristes ou irritados, enquanto outros entram em pânico. Não há uma resposta definida, mas nenhuma das reações mais prováveis é benéfica.

Compare isso com a "resposta parassimpática", o estado fisiológico em que o corpo repousa e se recupera de um estresse como esse. Nosso batimento cardíaco e nossa pressão arterial diminuem e nossa respiração desacelera, entre outros indicadores que mudam com a reação emergencial. Nossa digestão é retomada como de costume. Esse é o estado biológico em que o corpo repousa, restaura-se e relaxa. Podemos comer, fazer sexo, dormir.

A reação emergencial do corpo tem um começo — quando é desencadeada —, um pico intermediário e um fim, quando temos a oportunidade de nos acalmarmos de novo. É isso que faz o método de respiração controlada que Rinpoche nos propõe aqui: ele põe fim ao ciclo de estresse em que estamos presos.

A meditação como redução do estresse

Quando retornei a Harvard depois de quinze meses na Índia, onde encontrei muitos e muitos praticantes entusiastas dos métodos asiáticos de treinamento mental, eu tinha em mente os benefícios de práticas iogues, como essas de controle da respiração. Depois de conviver com esses iogues, lamas e outros instrutores, todos experientes, estava convencido de que eles tinham achado algo de importante, um método de gestão da mente ao qual a psicologia contemporânea não dava atenção.

Nessa época, no início dos anos 1970, eu estava fazendo um curso de graduação em psicologia clínica em Harvard, dominado por um ponto de vista psicanalítico da mente, e o corpo docente não era muito aberto a outros pontos de vista. Meus professores eram absolutamente avessos a qualquer coisa relacionada à consciência, principalmente se viesse do Oriente. A maior prova disso foi quando Richard Davidson, um colega de curso, propôs fazer sua dissertação sobre os métodos orientais de treinamento da mente, e lhe responderam à queima-roupa que isso seria "o fim de sua carreira".[2]

Eu também queria fazer um estudo semelhante para a minha dissertação, mas teria que encontrar, entre os professores da Harvard, uma banca que avaliasse e aprovasse minha proposta — e a maioria deles não estava interessada. Mas meu único aliado no corpo docente, David McClelland, deu um jeito de achar um médico na Faculdade de Medicina de Harvard disposto a compor minha banca. Era o dr. Herbert Benson, cardiologista.

Dr. Benson havia feito um estudo preliminar, demonstrando que a meditação parecia baixar a pressão arterial, efeito de enorme interesse para a cardiologia.[3] Posteriormente, ele viria a aprofundar essa descoberta e a escrever *The Relaxation Response*, livro que se tornou um best-seller. A "reação de relaxamento" era, para o leitor, uma maneira mais amigável de falar da "excitação do sistema nervoso parassimpático" (que, reconheço, soa um tanto pomposo).

Ele descreveu aquilo que hoje já se tornou consenso, mas que na época era uma novidade: como, durante a reação de relaxamento, o corpo passa para um estado de relaxamento profundo, que permite a recuperação biológica da excitação emergencial característica do modo de luta ou fuga.

Benson considerava as práticas orientais que provocam a reação de relaxamento uma intervenção não médica, que poderia ser benéfica aos que sofrem de uma ampla série de condições médicas exacerbadas pelo estresse, como hipertensão, asma e muitas outras. O foco de seu interesse eram métodos mentais como a meditação, que ele retirou de seu contexto espiritual original e disponibilizou para todos, independentemente da fé religiosa (ou da ausência dela).

Na tradição oriental, métodos similares de treinamento mental quase sempre são acompanhados de técnicas de controle respiratório, embora o dr. Benson não as tenha investigado. Apenas recentemente os cientistas começaram a estudar o que acontece no cérebro e no corpo durante as práticas de controle da respiração — mais especificamente, para desacelerá-la. O estresse e a ansiedade, evidentemente, aceleram nosso ritmo respiratório.

Em geral, os estudos que analisam o impacto da redução do ritmo respiratório sobre o cérebro, a mente e o corpo concluem que há uma passagem evidente para o modo parassimpático. Isto não surpreenderia um iogue de mil ou dois mil anos atrás (depois que você explicasse a ele o que são os sistemas simpático e parassimpático): essa passagem foi um dos motivos da inclusão, desde a Antiguidade, de métodos de controle da respiração em um leque de práticas espirituais.

Existem vários métodos de controle da nossa respiração: desacelerá-la, inspirar mais profundamente, mudar o tempo de expiração em relação ao tempo de inspiração, entre outras.

> Até neste instante, lendo este livro, você pode praticar o controle da respiração — e, caso não esteja fazendo, aconselho fazê-lo agora. Apenas experimente assumir o controle da respiração e veja como isso pode alterar seu estado mental ou físico. Acabamos de aprender quatro métodos que usam variações de nossa respiração natural para trabalhar nossa energia acelerada.

Métodos antigos de controle respiratório, chamados de *pranayama* em sânscrito, utilizavam todas essas abordagens de controle respiratório, de um jeito ou de outro. Pesquisas recentes sobre o controle respiratório tiraram esses métodos de seu contexto espiritual e levaram-nos ao laboratório, para investigar os possíveis benefícios dessas manipulações para o bem-estar, a saúde, o relaxamento e o combate ao estresse. Ao fazer isso, os cientistas tiveram que extirpar o controle respiratório per se do treinamento mental, do hatha ioga e de outras práticas com as quais ele é tradicionalmente casado.

A revisão mais rigorosa das descobertas científicas sobre o controle respiratório analisou os benefícios da desaceleração da respiração para dez ou menos respirações por minuto (a faixa normal fica entre doze e dezesseis por minuto).[4] Essa revisão excluiu o estudo de métodos que não envolvem o controle respiratório, como o mindfulness (atenção plena) da respiração, em que a pessoa simplesmente se conscientiza da respiração, sem tentar alterá-la. Também foram excluídos estudos em que as pessoas relataram como estavam se sentindo; os cientistas encaram essas autodeclarações como menos confiáveis que medidas objetivas como as ondas cerebrais, não suscetíveis ao viés das expectativas.

Desacelerar a respiração para seis repetições por minuto teve efeitos impressionantes sobre a variabilidade dos batimentos cardíacos, um índice de boa forma física medido pelo intervalo entre dois batimentos. Nosso batimento cardíaco é o resultado da interação de várias forças biológicas. Duas das mais importantes são o modo luta ou fuga, que acelera os batimentos, e o modo de relaxamento, que os desacelera. No ritmo frenético da vida moderna, as pessoas tendem a ter um batimento cardíaco mais rápido, o que leva a um intervalo menor entre os batimentos.

De forma talvez paradoxal, a variação do intervalo entre os batimentos indica um preparo biológico para adaptar-se a demandas oscilantes. A diferença nesse tempo de intervalo resulta do cabo de guerra em andamento entre os ramos simpático e parassimpático do sistema nervoso. Quando, durante o repouso, há pouca diferença nesses intervalos, isso costuma significar que um dos ramos, geralmente o de luta ou fuga, assumiu o comando, indicando estresse constante. Por isso, os cientistas responsáveis pela revisão sugerem que uma variação do tempo entre batimentos indica um modo de relaxamento sadio, possivelmente um estímulo biológico para as mudanças positivas que a respiração lenta parece trazer. Um estudo sobre a respiração lenta considerou esse aumento da variabilidade do ritmo cardíaco como uma porta de entrada para o funcionamento neural e biológico ideal — um estado de "relaxamento alerta".[5]

Resumindo todos os estudos: juntamente com essa variabilidade saudável no intervalo entre batimentos cardíacos, as pessoas que praticaram a respiração desacelerada relataram um sentimento de tranquilidade e conforto, maior relaxamento, assim como mais energia positiva e um sentimento geral agradável. Esses resultados foram obtidos quando as pessoas desaceleraram as respirações para dez por minuto, embora os benefícios tenham sido maiores para aquelas que chegaram a seis por minuto — e os dois ritmos reduzidos tiveram maiores vantagens para a saúde do que a respiração normal.

A respiração desacelerada também parece acarretar uma mudança significativa nas funções cerebrais. Estudos de eletroencefalografia (EEG) mostraram que uma respiração mais lenta foi acompanhada por um aumento das ondas alfa sincronizadas, o que significa que o cérebro entrou em um estado de repouso, como um automóvel em ponto morto. Essa mudança no estado cerebral mostrou-se associada a benefícios como redução da ansiedade, da irritação e da confusão, assim como aumento da sensação de vigor.

Embora o número de estudos ainda seja muito pequeno para afirmar com certeza, a respiração lenta parece levar nosso cérebro e nossos sistemas circulatório e respiratório a uma "reação de relaxamento", o modo de recuperação, restauração e relaxamento alerta. E foi isso que eu senti nos mestres contemplativos que encontrei durante meu período na Índia — e o que Tsoknyi Rinpoche me mostrou quando fiquei tão tenso naquele sinal de trânsito em Déli.

4. Monstros bonitos

TSOKNYI RINPOCHE: A EXPLICAÇÃO

Quando eu era pequeno, no Nepal, e depois na Índia, a partir dos treze anos, fui educado por lamas budistas tibetanos, um jeito profundamente privilegiado e instrutivo de crescer. As condições físicas naquela época eram bastante precárias, mas a parte humana era muito rica. Eu vivia cercado de mentores carinhosos, gentis e brilhantes, e me inspirei neles em vários aspectos. Eles me ensinaram ferramentas úteis para lidar com minha mente, minha vida e meu trabalho.

Chegando à adolescência, porém, comecei a observar e sentir novos padrões emocionais e conflitos interiores. Eu estava em um intenso programa de estudos, iniciado tardiamente, e de certa forma estava correndo atrás do prejuízo. Estava estudando um texto clássico sobre pensamentos bons e maus, e suas consequências terríveis. O texto recomendava uma análise detida de cada pensamento que surgisse em minha mente. Examinando intensamente um pensamento após o outro, fui ficando assustado e obcecado. Eu tinha muitos pensamentos negativos e não conseguia controlá-los! Julgamento após julgamento, uma emoção aflitiva após outra, eles preenchiam minha mente sem parar. Eu tinha uma consciência aguda de cada um deles, e fui ficando horrorizado com o carma negativo que eu sentia que estava acumulando. Também estava me julgando com severidade, antes de tudo por ter esses pensamentos e emoções negativas, e me sentia preso em um ciclo negativo que se retroalimentava. Perdi o prumo e me senti um pouco neurótico. Era um lugar bastante desconfortável de estar, e isso durou meses.

Felizmente, ao final do ano letivo pude viajar de volta para a casa da minha família, e recebi do meu pai conselhos que me ajudaram a sair daquele lugar. Essa experiência me ensinou lições valiosas. Aprendi que o mindfulness pode dar errado! Eu tinha atenção plena a todos os pensamentos, mas não sabia o que fazer com eles. Percebê-los, atentar para eles, não é suficiente. É bom, mas precisamos de mais. O mindfulness é uma ferramenta poderosa, mas precisa ser complementada por outras qualidades a equilibrar, para que se torne um caminho efetivo. Por exemplo, aprendi que precisamos amar a gentileza, a paciência, a sabedoria e a integridade. Sem elas, o mindfulness pode ser usado para qualquer coisa — para se tornar um mentiroso mais eficaz ou um manipulador melhor, e para fazer mal às pessoas. Dentro de nós, a atenção plena aos pensamentos e emoções é um bom passo inicial, mas sem alguma técnica, sabedoria e perspectiva, não há garantia de que vamos trabalhar habilmente com eles.

Posteriormente, no final da adolescência e como jovem adulto, também me vi desafiado por pressões e expectativas maciças. Nós, monges-lamas, éramos submetidos a um padrão de exigência quase impossível de atender. Se o introjetássemos, o que muitos de nós fizemos, era possível que ficássemos congelados em estado de pura tensão. Esperava-se que agíssemos quase com perfeição, como heróis idealizados saídos da história de vida de nossos antecessores, que muitas vezes haviam renunciado a tudo e que viveram em tempos pré-modernos. Esperava-se que não tivéssemos qualquer necessidade pessoal, e ao mesmo tempo suportássemos enormes responsabilidades assim que terminássemos os estudos, no final da adolescência ou com pouco mais de vinte anos. Eram expectativas complexas e, ao mesmo tempo, confusas. Por exemplo, esperava-se que fôssemos gestores competentes, arrecadadores para nossos mosteiros e conventos, e ao mesmo tempo que não fôssemos "mundanos". Eu tinha que trabalhar sob tais pressões e encontrar um jeito de conciliar tudo isso — honrar minhas responsabilidades e ao mesmo tempo dar um jeito de ser natural, relaxado e livre, qualidades essenciais para a prática dos ensinamentos de minha linhagem.

Quando jovem, comecei a viajar e dar aulas, e as pessoas que eu encontrava tinham um condicionamento cultural e educacional diferente daquilo a que nós, tibetanos, estávamos acostumados. Dei-me conta de que, para ser um professor de meditação eficaz e de fato beneficiar pessoas de culturas diferentes da minha, eu precisava aprender a respeito de seus padrões emocionais e psicológicos. Fui em busca de pessoas com quem eu pudesse falar e aprender, em especial os praticantes da psicologia e da psicoterapia ocidentais. Queria saber como eles compreendiam seus padrões, e como trabalhavam com eles.

Aprendi especialmente com uma amiga minha de longa data, a psicoterapeuta Tara Bennett-Goleman. Conversamos durante horas, em várias ocasiões, sobre esquemas psicológicos — padrões emocionais —, como eles se formam e como podem ser curados.

Desafiei-a em relação a certas crenças, e ela me desafiou de volta. Ao longo desses diálogos, percebi que parte dos insights da psicoterapia moderna podem complementar nossa compreensão budista tradicional dos padrões, feridas e curas emocionais. Por exemplo, eu descrevia certas formas tradicionais de encarar as emoções e de como trabalhar com elas. Ela reconheceu como válidas essas perspectivas e técnicas, mas expressou preocupação com a sensibilidade e as feridas vivenciadas por muita gente, e tentou me convencer de que esse estado de ferimento pode ser um problema muito relevante, que necessita uma gentileza particular para a cura. No começo, fiquei inseguro, mas aos poucos fui valorizando cada vez mais as ideias dela. Comecei a perceber algumas das barreiras emocionais que se interpunham no caminho da prática espiritual dos meus alunos.

Tradicionalmente, dizemos que sementes cármicas e condições temporárias se combinam para compor a nossa experiência, com todos os seus altos e baixos. As sementes cármicas são impressões deixadas por ações físicas, verbais e mentais, armazenadas em nossa consciência, que amadurecem em diversas experiências quando se apresentam as causas e as condições certas. Até certo ponto, isso está correto, mas os terapeutas descrevem com muitos detalhes e nuances o desenvolvimento das relações e emoções desde a infância. Comecei a me dar conta de que os padrões de muitos povos os separam do próprio mundo sensorial, enquanto outros, em que esse contato é maior, conseguem no máximo sentir uma relação desgastada. O tempo todo, a mente julga e tenta controlar o mundo sensorial. Esquemas, padrões, feridas relacionais, traumas — esses conceitos ajudaram a aperfeiçoar minha compreensão do nosso mundo emocional e também a adaptar as técnicas tradicionais de meditação, de modo a torná-las mais relevantes.

Na adolescência, quando tive esse problema com pensamentos negativos, a questão não era apenas os pensamentos negativos; vinha de um problema mais profundo no mundo sensorial. Na época, eu lidava com isso como uma questão da mente antes de mais nada, sem trabalhar os sentimentos subjacentes. Eu não tinha uma boa compreensão do mundo sensorial e de como ele opera — eu não compreendia que tantos pensamentos estivessem enraizados no mundo sensorial. A instrução, o amor e a atenção do meu pai, Tulku Urgyen Rinpoche, ajudaram-me a sair desse dilema de adolescente. Posteriormente, nas conversas com Tara, percebi que, embora muitos de nós tenhamos grandes problemas com os pensamentos, muitas vezes a verdadeira raiz está no mundo sensorial, que não está sendo bem cuidado. Aprendi uma linguagem para falar dessa área de nossa experiência, na qual pensamentos e sensações se encontram.

Por isso, é hora de falar de nossas questões neste capítulo, de nos aproximarmos mais da realidade. Todo mundo tem suas questões — se você não sofre, não é normal. Conheci algumas pessoas que dizem não ter qualquer problema emocional, mas para mim elas estão apenas adormecidas. Todos nós temos nossos arranhões, nossas marcas desde a juventude.

Podemos dar a algumas dessas questões o nome de *amor ferido* — não recebemos o amor e o respeito que sentimos precisar. Talvez o amor que recebemos de fato tenha sido condicional, dado apenas quando nos comportamos bem. Talvez tenhamos até começado a acreditar que não somos dignos de amor. Experiências assim nos influenciam. Afetam nossos relacionamentos com os outros e nossa relação com nós mesmos. Podem levar a padrões de resistência e reação, e isso dificulta que nos sintamos fundamentados no calor de nossos corações, dificulta que estejamos plenamente presentes com nós mesmos e com os outros de forma sadia. Há outras questões, é claro — todo tipo de ansiedade, depressão, pensamento e juízo neurótico.

Os pensamentos e as emoções cruas podem ser esmagadores, assustadores e poderosos; nosso medo é perder o controle. É por isso que com tanta frequência suprimimos, ocultamos ou fugimos deles. De certa forma, pode ser uma estratégia sensata, prática e funcional; dificilmente podemos interromper uma reunião para passar vinte minutos de olhos fechados, sentindo pontos suaves e sutis e chorando em silêncio. Suprimir ou ignorar são estratégias de enfrentamento, que podem nos ajudar a atravessar uma situação complicada. Mas são soluções de curto prazo. Quando ignoramos nossos sentimentos difíceis, a mente pode se manter ocupada com o planejamento e a execução de tarefas. Ficamos na esperança de que o sentimento simplesmente desapareça com o passar do tempo, ou, se não desaparecer, dizemos a nós mesmos que em algum momento futuro cuidaremos dele. Mas, quando de fato temos tempo para relaxar, não temos vontade de cuidar daquela questão; por isso, procuramos uma distração e optamos pela indiferença, de incontáveis maneiras.

Nossos problemas podem ser mantidos abaixo da superfície, mas continuam a nos afetar. Situações e relacionamentos sempre vão reativá-los, exigindo uma energia constante para suprimi-los ou fugir deles. Evitar encarar nossos sentimentos difíceis pode levar a uma relação nociva entre nossa mente e nosso mundo sensorial. Muita gente vai simplesmente ficando anestesiada. Outros têm sua mente transformada numa espécie de patrão controlador e julgador, e suas sensações, numa espécie de adolescente raivoso e ferido.

Com o passar do tempo, pode ocorrer algo triste: nosso direito inato a um bem-estar natural no nível sensorial, a uma sensação o.k. sem motivo específico, pode acabar ficando oculto. Em vez de sentir aquela faísca de dignidade — que eu chamo de *amor essencial* —, podemos sentir um vazio. Quando esse vazio está por baixo de nosso mundo sensorial, passamos a nos dedicar inconscientemente ao seu preenchimento. Muitas coisas que realizamos, de nossas práticas espirituais a nossa rotina de cuidados pessoais, passando por nossos relacionamentos, podem ser guiadas por uma agenda secreta para preencher esse vazio.

Experiência relativa autêntica e distorcida

A verdade *relativa* é tudo aquilo que vivenciamos normalmente, todo o conteúdo em transformação de nossa experiência, todos os nossos conceitos, percepções e padrões emocionais — toda a nossa dor e prazer, alegrias e dificuldades, feridas e curas. Chamamos de *relativa* porque sempre depende de condições em interação, e podemos decompô-la de várias formas, para análise e interpretação.

Por exemplo, afirmar que "você me magoou", no nível superficial, é correto. É algo que dizemos o tempo todo e tem um significado semelhante para muitos de nós, sendo, portanto, funcional. Porém, se analisarmos mais profundamente, as coisas se complicam. Na verdade, foi preciso que muitas causas e condições se reunissem para me magoar. Posso achar que você fez de propósito; posso estar predisposto àquela mágoa por alguma razão passada, a natureza de nosso relacionamento pode ter gerado certas expectativas, posso ter entendido mal algo que você disse ou fez, posso ter reagido de uma forma que contribuiu bastante para ficar magoado, e assim por diante. Portanto, embora eu tenha sido de fato "magoado", a crença sólida e não discutida de que "você me magoou" só é válida no sentido superficial.

A verdade relativa tem duas dimensões: a verdade relativa *funcional, autêntica,* e a percepção relativa *distorcida e enganosa.* Essa é uma distinção importante. O foco principal, aqui, é curar o que está distorcido, transformando-o em algo sadio. Todos nós temos diferentes programações, algumas sadias e outras nem tanto. Por exemplo, muita gente sofre porque costuma enxergar a si mesmo como uma pessoa sem valor. É uma programação distorcida, ninguém é fundamentalmente sem valor. Porém, é uma programação que pode ser acionada por várias situações e em todo tipo de relacionamento, e que nos faz sentir e pensar de uma forma pouco sadia. É o tipo de coisa que pode ser curada e transformada em uma verdade relativa sadia.

Tradicionalmente, falamos de *padrões habituais aprendidos* e *cármicos.* Os *padrões cármicos* são impressões profundas em nossa consciência, tendências centrais a acreditar em um senso sólido do eu, a sentir emoções como a paixão, a agressividade, a inveja e o orgulho. Consideramos que essas sementes cármicas ou impressões são carregadas de uma existência para outra, mas, quer você acredite nisso ou não, é importante compreender que esses padrões são renitentes e inconscientes.

Os *padrões habituais aprendidos* são aquilo que acumulamos nesta vida desde a infância. Têm origem em nossas experiências formativas sociais e emocionais, nossos relacionamentos com parentes, amigos e professores, em casa e na escola. Eles levam a crenças introjetadas sobre nós mesmos e os outros, e padrões de comportamento, como a resistência e a reação a certas situações e emoções. Trabalhar com as crenças pode ser delicado, porque as atitudes subconscientes são teimosas: "Ficar com raiva é feio", "Que vergonha dos meus acessos de raiva na infância", "Aprendi que homem não chora nem demonstra suas emoções", "Fui criado achando que me emocionar era sinal de fraqueza".

Monstros bonitos

Todos nós temos certas questões, padrões emocionais complicados que tornam mais difíceis a vida e os relacionamentos. Pode ser a autodepreciação, algum medo específico, ou a autocobrança, a inveja ou algum tipo de ira irracional. Existem várias possibilidades. Muitas vezes nossos problemas nos deixam envergonhados e irritados. Resistimos e reagimos a eles, às vezes odiando-os. Em geral, gostaríamos que simplesmente sumissem. Gosto de dar a isso o nome de *monstros bonitos*.

Os monstros bonitos são padrões de reação distorcidos, em maior ou menor grau. Por exemplo, quando nos sentimos subestimados ou desvalorizados na infância, podemos, na idade adulta, reagir excessivamente a críticas ou responsabilizações menores. Essa reação excessiva é um monstro bonito.

As duas partes da expressão *monstros bonitos* são importantes. Se pensarmos nesses padrões apenas como "monstros", consolidamos nosso ódio e repulsa por eles, quando, na verdade, trata-se de partes de nossa própria mente. Se pensarmos neles apenas como "bonitos", porém, estamos renegando o potencial destrutivo que eles têm e o sofrimento que podem causar. É importante compreender que são tão monstros quanto bonitos.

Os monstros bonitos possuem dois tipos de beleza: o primeiro advém de sua própria natureza. Por mais monstruosa que uma emoção possa parecer, sua natureza profunda subjacente é bem diferente. Assim como um material bruto de imagens 3D de todas as cores projetado em uma tela é pura luz, a matéria-prima subjacente dos nossos monstros bonitos é a abertura, a clareza e a energia. Pois bem, os monstros bonitos possuem essa beleza. O segundo tipo de beleza é que os monstros bonitos parecem feios no começo, mas, quando curamos um, ele se torna bonito.

Quando curamos alguma coisa, compreendemos essa dinâmica não apenas em nosso interior, mas também em todos que compartilham aquela ferida. Muitos grandes seres humanos curaram alguma coisa e com isso adquiriram grande sabedoria e ajudaram muitas pessoas. Se você tem dez monstros bonitos, e outra pessoa tem dois, e ambos curam esses monstros, qual dos dois tem maior capacidade? Você, com seus dez monstros bonitos! Você terá uma compreensão e uma capacidade de ajudar muito maiores. Mas muitas pessoas não atingem a cura; atravessam a vida inteira sofrendo com seus monstros bonitos.

Os monstros bonitos se formam de várias maneiras: às vezes, desenvolvemos hábitos por conta de relacionamentos complicados; às vezes, tendências são provocadas pelas circunstâncias; às vezes, o estresse constante simplesmente nos faz desenvolver hábitos reativos. Algo que um dia foi útil, como proteger a si mesmo em um ambiente ameaçador, pode ser um monstro bonito quando se torna algo enrijecido e habitual. Odiamos certo tipo de pessoa ou situação, mesmo quando já não corremos perigo.

Eu costumo escutar a seguinte pergunta: todo sentimento e emoção é um monstro bonito? Eu diria que não. Uma raiva normal faz parte da verdade relativa autêntica e sadia — existe raiva sadia, medo sadio, apego sadio. Esses não são monstros bonitos. Os monstros bonitos se formam onde existe alguma distorção nociva em nossa mente e nossos sentimentos, e passamos a acreditar na versão da verdade relativa criada por esses monstros. Quando somos dominados pelos monstros bonitos, eles se tornam nossas lentes, a forma como enxergamos o mundo e a nós mesmos. Quando ficamos curados deles, passamos a ter emoções e experiências normais e sadias. O ser humano saudável tem toda a gama de emoções.

Os monstros bonitos são como gelo. A natureza deles é como água. Não precisamos destruir o gelo, e sim derretê-lo, libertá--lo para seu estado de fluxo normal. Todos nós sabemos que o gelo é, ao mesmo tempo, bonito e assustador. Pode ser irregular, pontudo e muito destrutivo. Pode estar congelado, mas não difere da água. Os monstros bonitos são assim. São padrões "congelados" de reação e resistência. Estamos à procura de água, mas o que encontramos é gelo. Então, perdemos a cabeça e tentamos nos livrar do gelo, ou fugir dele, para encontrar água — paz e fluxo — em outro lugar. A pergunta, então, passa a ser: como derreter o gelo? O calor da nossa gentileza em relação a nossos monstros bonitos, sem julgamento — é isso que permite que o gelo comece a derreter.

O método

Atenção, por favor: caso você tenha um histórico de trauma, as práticas de não resistência radical podem ser intensas. Por favor, use seu bom senso para determinar o quanto você pode aguentar de forma razoável. Experimente esta prática por curtíssimos períodos, e utilize um "acampamento-base", um local seguro para onde retornar depois de cada experiência sensorial direta. Esta prática da saudação visa a cura, e não uma revitimização. Marque uma consulta com um profissional de saúde mental, caso sinta necessidade de apoio.

A SAUDAÇÃO: COMO TRABALHAR NOSSOS MONSTROS BONITOS

Como encarar nossos monstros bonitos de forma amistosa, e não amedrontada? Com base em algumas técnicas de meditação tradicional e minha compreensão das feridas psicológicas e de sua cura, elaborei aquilo que chamo de *prática da saudação*. Não se trata de um "método" como costumamos imaginar. Trata-se mais de uma atitude e de um jeito de ser. Essa saudação é entre nossa consciência e nossos sentimentos. É uma metáfora da atitude que adotamos, de como podemos nos encontrar com nossos monstros bonitos. Nossa mente há muito tempo vem tentando afastar ou conter nossos sentimentos e emoções. Agora vamos simplesmente estender a mão. Não vamos fugir, nem lutar, apenas encontrar. Essencialmente, a prática da saudação consiste em ter plena consciência do que quer que esteja dentro de você, em especial as emoções. Caso elas tenham uma história para contar, vamos simplesmente ouvi-la. Considero a prática da saudação muito importante nos dias de hoje, com potencial para nos curar profundamente.

Esse tipo de cura pode ser melhor onde a consciência entra em contato com os sentimentos. Para nos curarmos, precisamos sentir nossas emoções de forma direta e crua. Dessa forma, as emoções e os padrões de resistência podem começar a se abrir de dentro para fora. Do contrário, podemos experimentar todas as técnicas de cura, mas elas não vão nos abrir realmente. Para transformar de verdade, precisamos ficar amigos de nossas emoções.

Compreender a teoria que embasa a saudação é útil, porque conseguimos entender a necessidade de trabalhar nossas crenças e atitudes distorcidas, de modo a obter uma transformação real. Do contrário, sentimos um alívio temporário, mas continuaremos a operar sob as mesmas crenças e premissas (por exemplo: "Não tenho valor"; "Sinto vergonha da minha raiva"; "Quando estou com medo, deixo-me dominar por ele e desmorono"). Apenas ler e contemplar essas ideias não muda muito. Precisamos encarar nossos monstros bonitos. Encará-los significa *senti-los*. A verdadeira transformação ocorre sobretudo no nível sensorial. Quando aprendemos a vivenciar nossos monstros bonitos sem resistência e reação, podemos efetivamente ficar amigos deles. É algo muito amoroso, muito gentil com os monstros bonitos — a gentileza consiste no não julgamento.

A saudação simboliza um estar plenamente junto com o sentimento. É um método fácil de descrever, mas difícil de praticar de verdade, por várias razões. A primeira delas é que nossa atitude, muitas vezes, é achar que esses monstros bonitos são apenas monstros, que precisam ser consertados ou descartados. Com esse tipo de interesse por trás, a saudação não funciona. A saudação não é um conserto, e sim um encontro e um estar junto.

EXPERIMENTE: Fique sentado por alguns minutos, acomodado em um espaço silencioso e contemplativo. Pense na relação entre a sua mente e o seu mundo emocional. Qual a sensação? Amorosa e aberta? Ou desgastada e crítica? Seu mundo sensorial parece principalmente anestesiado ou dinâmico e bruto? Qualquer que seja o sentimento, fique com ele e relaxe por um instante.

Em seguida, imagine que aquilo que você teme dentro de si (suas críticas, suas dúvidas, sua vaidade) se tornasse seu amigo. Imagine não ter medo de seus sentimentos e emoções.

Outra razão que pode tornar tão difícil estarmos juntos de nossos sentimentos é que podemos ter um certo medo de nossos sentimentos e emoções brutas. Isso é normal. Mas também é por isso que precisamos de coragem para apertar a mão dos nossos sentimentos. Precisamos estar dispostos a sentir nosso sofrimento, dispostos a levar algumas pancadas. Pense em um adulto carinhoso tentando pegar no colo uma criancinha fazendo birra. A criança grita, chuta e soca, e toda vez que pomos suavemente a mão nela, ela nos repele. Mas compreendemos que ela está chateada e é fundamentalmente bela e amável, mesmo em um estado distorcido. No fim das contas, ela se acalma e aceita o toque aberto de amor. O processo da saudação com nossos monstros bonitos pode ser parecido. No fundo, os monstros bonitos querem fazer amizade, e querem ser livres.

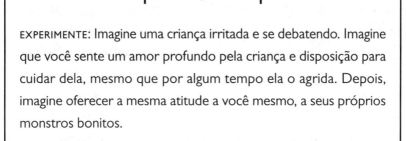

EXPERIMENTE: Imagine uma criança irritada e se debatendo. Imagine que você sente um amor profundo pela criança e disposição para cuidar dela, mesmo que por algum tempo ela o agrida. Depois, imagine oferecer a mesma atitude a você mesmo, a seus próprios monstros bonitos.

OBSTÁCULOS À SAUDAÇÃO

Há quatro obstáculos principais à saudação: *suprimir*, *ignorar*, *tolerar* e *combater com um antídoto*. Trata-se de hábitos mentais poderosos, provavelmente as formas mais comuns de nos relacionarmos com nossos sentimentos e emoções. É importante compreender que a saudação não tem nada a ver com isso.

A maioria de nós é bastante competente em *suprimir*. Um sentimento ou emoção desconfortável brota em um momento inconveniente, e imediatamente o enterramos ou o escondemos debaixo do tapete. Isso pode funcionar por um curto período, mas a supressão drena nossas energias, e o sentimento ou emoção encontrará um jeito de reaparecer. Por exemplo, podemos ter o monstro bonito da dúvida em relação a si mesmo ou da autodepreciação. Quando esses sentimentos surgem, não os deixamos vir à tona, não damos ouvidos a eles, e, em vez disso, automaticamente os consideramos doloridos e inaceitáveis e tentamos enterrá-los de volta no inconsciente.

Ignorar é outra estratégia com a qual estamos muito familiarizados. Simplesmente fugimos, em outras palavras, nos distraímos. Para onde fugimos? Podemos recorrer a distrações positivas, como alguma atividade espiritual, um pensamento alternativo, ou simplesmente assistir a um filme. O problema é que, no longo prazo, ignorar nossos monstros bonitos não ajuda em sua cura. Quando os ignoramos, podemos supor que eles desapareceram, mas não é o caso. Ignorar sentimentos de autodepreciação e buscar escape em um programa de TV não permite processar os sentimentos e lidar com eles; é só um curativo temporário.

Tolerar é outra forma comum de reagir. A saudação, em que não tentamos consertar o monstro bonito ou resistir a ele, pode parecer bastante semelhante à tolerância, mas é diferente. A saudação permite encontrar o monstro bonito e permanecer com ele, enquanto tolerância acredita na sua própria narrativa, segue com ela e permite que ela nos domine. Tolerar o sentimento de dúvida sobre si mesmo significa mergulhar em um estado de insegurança, permitindo que as narrativas conhecidas de dúvida pessoal dominem a mente.

Por fim, é possível *combater os monstros bonitos com um antídoto*, o que equivale a aplicar algum método, comentário ou raciocínio para a solução de um problema. Superficialmente, parece ótimo: temos um problema ou um hábito nocivo, e tentamos consertá-lo, como faríamos com um carro ou uma bicicleta com defeito. O antídoto é como aplicar um remédio contra um veneno, aplicando uma emoção ou pensamento neutralizador em cima do sentimento de autodepreciação, para que ele desapareça. A saudação consiste em sentir diretamente o sentimento, sem tentar fazê-lo desaparecer. Outro exemplo de combate com antídoto é dizer a mim mesmo que está tudo bem, quando na verdade não sinto que as coisas estão bem. A saudação é reconhecer essa sensação não o.k. e ficar amigo dela. Combater com antídoto inclui todo tipo de abordagem psicológica e espiritual. Mas a saudação não é um antídoto. Não se tenta consertar, mas encontrar e ficar junto, fazendo amizade com nossos monstros bonitos.

O antídoto é *um inimigo íntimo* da saudação, porque é fácil confundir os dois. Um *inimigo distante* é aquele óbvio, o inimigo que estamos encarando. Um inimigo íntimo é insidioso, pode estar disfarçado de amigo, tão perto que muitas vezes nem conseguimos ver, ou não sabemos que é um inimigo. Usar um antídoto é assim. Vamos supor que você tentou várias outras abordagens para as dúvidas a respeito de si e elas não funcionaram; aí ouviu falar da saudação. Você pode pensar: *Ah, essa técnica parece boa, ela é sutil e suave. Vou apertar a mão de meus monstros bonitos e eles vão se dissolver ou ir embora!* Se essa for a nossa atitude, escorregamos no antídoto, que sabota sutilmente nossa saudação.

Depois de encontrar os sentimentos, e senti-los de verdade, podemos simplesmente ficar com eles. No começo, não fale, apenas permaneça ali. Depois que conseguir ficar com eles, ocorrerá uma mudança, e nossos sentimentos e monstros bonitos começarão a confiar em nós, pouco a pouco. A confiança vai aumentar, porque não estaremos mais suprimindo ou ignorando os sentimentos. Quando eles atacarem, bastará tocá-los — e não contra-atacar. A saudação é um contato com o amor aberto. Quando nossos sentimentos querem nos contar uma história, escutamos. Eles começam a se abrir até o momento em que farão uma pergunta.

Aí podemos finalmente iniciar uma conversa. Podemos compartilhar nossa sabedoria, apresentando argumentos sólidos. Podemos dizer a eles: *É de verdade, mas não é autêntico.* O sentimento é real, mas a mensagem não é verdadeira. *Sim, você realmente se sentiu imprestável, mas você não é imprestável.* A mente é capaz de enviar uma mensagem aos sentimentos, porque conquistamos a confiança deles. Os sentimentos podem se comunicar com os monstros bonitos. Quando o monstro bonito começa a compreender e a sentir — *Eu não sou um monstro* —, a cura pode acontecer. Enquanto não tocarmos o monstro bonito com a consciência, com uma gentileza livre de julgamento, o monstro bonito não vai ligar para o que dissermos. Podemos falar um tempão disso, e de nada adiantará. O que mudou desta vez? Em vez de fazer sermão, começamos simplesmente com o sentimento bruto do monstro bonito. Isso é gentileza.

O ideal é quando o centro emocional do monstro bonito se transforma. Se isso não acontecer, é possível transformar os sentimentos em volta, até que por fim o sentimento central se transformará. Em nosso mundo sensorial, as sensações o.k. e não o.k. podem coexistir. O ideal é quando o não o.k. se transforma em o.k. Mas às vezes um cantinho do seu coração pode se sentir não o.k., enquanto outras partes estão o.k. O que fazer nesse caso? Reconhecer as partes o.k., sem deixar de se importar também com a parte não o.k.

Os monstros bonitos têm a capacidade de se autolibertar; também possuem sua sabedoria própria. O que estamos fazendo, então? Estamos apenas deixando-os em paz, e não os levando na direção errada, mas permitindo que sua própria natureza se destaque. Quando paramos de suprimi-los, ignorá-los ou tentar consertá-los, passamos a respeitá-los. É aí que pode acontecer a libertação. Esse é um ponto um pouco delicado: se estivermos demasiadamente conscientes dessa autolibertação, podemos alimentar expectativas. Expectativas podem sabotar nossa atitude aberta e acolhedora, sabotando assim nossa saudação. Querer transformar um monstro bonito é, na verdade, um monstro bonito por si só.

Quando você pensar: *A saudação apenas propicia ao monstro bonito a oportunidade de se abrir*, pegue esse pensamento e aperte a mão dele. Se você fizer isso algumas vezes, essas expectativas deixarão de existir.

OS QUATRO PASSOS DA SAUDAÇÃO

A saudação permite que nossa consciência esteja ao lado de tudo aquilo que acontece em nosso mundo sensorial, sem julgamento e sem resistência. A prática da saudação pode ser dividida em quatro etapas: *encontrar, ficar, esperar* e *comunicar*. A preparação para a prática da saudação começa pelo ato de soltar, que aprendemos no capítulo 2. Mas nem tudo pode ser solto: existem questões mais profundas e grudentas que exigem maior atenção, maior permanência, maior espera, maior amor. Já nos tornamos experts em suprimir, ignorar, tolerar e combater com um antídoto. São hábitos difíceis de romper. Entre nossa consciência e nossos sentimentos brutos pode haver várias camadas de medo, julgamento, reatividade e resistência. A prática da saudação é a forma de atravessar tudo isso. É aprender a caminhar com dignidade pelo portão de entrada de nosso mundo interior, em vez de entrar sorrateiramente.

Quando um alpinista enfrenta um pico gigante, como o monte Everest, estabelece uma base de operação para a ascensão, um lugar para onde pode retornar, se necessário, para recobrar as energias para a subida. Seu acampamento-base pessoal lhe proporciona um espaço sereno, longe das emoções brutas, um espaço seguro para se recolher quando a intensidade passa dos limites. O acampamento-base pode ser um ponto de mindfulness, como as sensações neutras do corpo (as palmas das mãos e os pés podem ser bons para isso), seguindo a respiração, ou então uma prática de respiração suave do capítulo 3. Você pode acessar o acampamento--base sempre que necessário, de tempos em tempos, como parte da prática da saudação.

PREPARAÇÃO: ATO DE SOLTAR

Comece ficando em uma postura relaxada, como antes — relaxada, porém com a coluna ereta, sentado ou deitado. Passe alguns minutos fazendo o ato de soltar da mente consciente e fundamentando a consciência no corpo. Se precisar, use o método do capítulo 2: erguer as mãos para o céu e deixar a gravidade trazê-las de volta enquanto solta o ar, dando uma palmada nas coxas. Três coisas acontecem ao mesmo tempo: a mente consciente se solta, as mãos se soltam nas coxas, e você solta todo o ar dos pulmões. Em seguida, apenas fique em repouso, com atenção ao corpo, sem nenhuma busca específica.

Não busque qualquer estado ou sensação especial. Simplesmente conecte-se com o que está ali, a experiência do corpo no presente. Quente ou frio, agradável ou desagradável, tenso ou relaxado, com coceira ou dormente — qualquer sensação é aceitável. Repouse assim por um curto período e depois repita várias vezes, até ter certa sensação de fundamentação no corpo. À medida que a consciência se volta para o seu corpo físico, simplesmente fique com as sensações corporais, quaisquer que sejam. Talvez tenha aparecido uma intenção, uma experiência específica e especial que você deseja, ou algo que você queira evitar. Suavemente, desapegue-se de qualquer intenção. Isso permite o surgimento natural de tudo aquilo que quer atingir sua consciência.

PASSO NÚMERO 1: ENCONTRAR

Agora permita que a consciência invada suavemente o mundo sensorial. Abra a consciência aos estados de espírito, sentimentos e emoções. Não tenha nenhuma meta, nenhum objetivo. Simplesmente encontre quaisquer sentimentos e emoções que ocorram. Não vá em busca de nada especial, agradável ou sublime, apenas fique com aquilo que aflorar. Caso sinta nojo de si, fique com isso. Caso sinta ansiedade, fique com esse sentimento. Caso sinta irritação, tensão ou cansaço, fique com esses sentimentos, e relaxe neles. Caso se sinta feliz, em estado de paz e relaxamento, fique com isso também. Caso não sinta nada, fique com esse torpor, ou fique com a paz.

Os sentimentos e emoções vão e vêm em seu próprio ritmo; não precisamos procurá-los. Estão sempre mudando, de agradáveis para desagradáveis, e de novo para agradáveis. Em vez de lutar com cada sentimento em transformação, vamos apenas encontrá-los e deixar vir o que vier, sem um propósito. Continue conectando-se ao mundo sensorial com essa atitude aberta e acolhedora. Sempre que aflorar uma vontade de livrar-se de alguma coisa, ou de aferrar-se a alguma coisa, reconheça isso de forma suave e fique com ela. Qualquer que seja o obstáculo ou crítica, apenas tome consciência e fique com aquilo. Você é o anfitrião de um banquete, e fica na porta para receber qualquer sentimento que apareça. Se surgir algo mais profundo e intenso, pode ser um monstro bonito — o que também não é nenhum problema.

Essa prática de encontrar é como erguer a mão e dizer *oi*. Inicialmente, permitimos apenas que os pensamentos vão e venham, e tentamos ficar com nossos sentimentos e emoções. Depois, porém, estendemos a prática da saudação para abranger tudo, inclusive narrativas e vozes interiores.

PASSO NÚMERO 2: ESTAR

Pare de desviar o olhar. Pare de se esconder. Vire-se para eles. Toque-os. Sinta-os. Ouça-os. Ao adotar essa atitude, você permite que os sentimentos brutos venham à tona. Não é preciso fazer nada especial além de ficar com eles.

Não suprima, não evite, não tolere e não aplique um antídoto. Já fizemos isso por tempo demais e não adiantou muito. Não nos levou a uma relação sadia com nossos sentimentos. Vamos, então, tentar algo diferente. Apenas estar. Estar não é consertar. Temos tendência de achar que *estar* significa *estar com* algo. Mas você pode simplesmente estar, sem objeto. Apenas esteja, estar já é uma coisa em si. Lentamente, vamos aprendendo a apenas estar como experiência, sem um objeto específico, naturalmente estando no estar. Apenas esteja, e, enquanto os pensamentos e emoções continuam a aparecer e seguir em frente, a imobilidade do estar também permanece.

Com o passar do tempo, a mão não precisa de um objeto para segurar, a própria mão se transforma no repouso, na imobilidade. Quando essa experiência se desenvolve de maneira orgânica, a partir da saudação, é um bom sinal. A saudação é um jeito íntimo de estar. É diferente de uma observação, mais segura e mais distanciada. Quando os monstros bonitos chegam, esse tipo de observação distante não ajuda muito, não toca o mundo sensorial da mesma forma que a saudação. Simplesmente esteja com qualquer material bruto que aparecer, sem julgamento, e relaxe.

Se um sentimento feroz e desiludido surgir no seu banquete — *Minha vontade é de quebrar tudo!* — simplesmente estenda a mão. O monstro bonito não está estendendo a dele. Mas você está sendo gentil e apenas estando ali. Mesmo que o monstro bonito lhe dê um tapa ou um soco, não tem problema. Aceite. Disponha-se a sofrer. Essa agressividade é consequência de tanto tempo de supressão desse sentimento. Tenha uma atitude corajosa: *O.k., eu me disponho a sofrer.* E, se você se pegar julgando, recue um passo e aperte a mão desse julgamento. Caso perceba uma intenção, como a vontade de se livrar de uma emoção, aperte a mão dessa intenção. Caso perceba uma aversão à emoção, ou uma impaciência, aperte a mão dela também. Não pare de apertar a mão de tudo que aparecer.

Adote uma abordagem radical: esteja plenamente presente com seus sentimentos e emoções, sem resistência. É quase como uma rendição, confiar na sabedoria inata das emoções. É um grande passo. Exige certo sangue-frio, certa coragem. Sentir algo que vivemos evitando não é fácil. Pode ser muito intenso. Mergulhar em águas desconhecidas pode assustar. Porém, quando chega o momento certo, você tem que dar esse passo. Caso sinta que está se contendo, que está resistindo, dê a mão a seu monstro bonito.

É quase parecido com tolerar, mas não é tolerar. Quando a emoção diz: *Não vou aguentar*, você não precisa acreditar, só sentir. Caso o sentimento diga: *Quero destruir isso*, apenas sinta a emoção, mas não obedeça a suas ordens. Permita que a consciência sinta plenamente o sentimento, sem resistência, sem julgamento. Essa é a prática do ficar.

PASSO NÚMERO 3: ESPERAR

Continue a praticar o ficar, conceda-lhe algum tempo. Não se apresse em nada. Não há nada a realizar. Você está fazendo amizade, e isso leva tempo. Quando você conseguir ficar, apenas continue ficando e espere. Esperar também é gentileza e compaixão. Pratique a paciência. Aqui, paciência não significa uma proposta do tipo *Serei paciente com você até você ir embora e me deixar em paz*. Uma proposta assim leva a um abandono da prática. Paciência, aqui, significa: *Pode ficar quanto tempo quiser. Se você quiser ficar ou ir embora, não me importo mais. Agora somos amigos.*

Esse estágio da espera permite que você aperfeiçoe sua saudação e certifique-se de que não está se apressando para fazer algo acontecer, o que levaria sua saudação a ser sabotada por um antídoto. Ou você pode estar se apressando para dar um sermão em seus monstros bonitos, antes que eles criem confiança e estejam prontos para escutá-lo. Espere, simplesmente, e relaxe.

Há um alívio especial quando você de fato faz o ato de soltar e apenas sente as sensações. Você está sendo verdadeiro consigo mesmo. Suprimir e evitar pode deixá-lo emocionalmente sem chão, como se não houvesse foco no mundo sensorial. Fazer o ato de soltar e sentir, sem julgamento, é uma bênção. É como chorar quando seu coração quer colocar a tristeza para fora, tirar um cochilo quando vem a exaustão, ou fazer uma refeição que alimenta quando se sente com fome ou sem energia. É como pedir um carinho na hora da mágoa, e receber um abraço firme e carinhoso de apoio total. Podemos nos permitir esse tipo de alívio e apoio, mas temos que nos voltar para a dor, em vez de fugir dela.

PASSO NÚMERO 4: COMUNICAR

Como conversar com seus monstros bonitos

> Assim que você for capaz de simplesmente ficar com seus monstros bonitos, eles podem começar a se afeiçoar e se abrir com você. Na verdade, eles querem ficar amigos. Querem ser livres. Podem até fazer uma pergunta. Nessa hora é que você pode se comunicar de verdade. Dizer a eles com doçura: *É real, mas não é verdadeiro. Seu sentimento é real. Sua dor é real. Mas sua narrativa não é verdadeira.* E eles vão escutar.

Ao sentir que se livrou de um assunto para consertar alguma coisa, ou para fazer alguma coisa dissolver-se ou desaparecer, talvez você note uma mudança. Alguma coisa mágica e inesperada ocorre quando paramos de tentar consertar os monstros bonitos, quando paramos de tentar fazê-los ir embora. As emoções brutas, a paralisia, a dormência deixam de ser tão apavorantes quanto eram.

É nesse momento que ocorre a verdadeira cura. A partir daí você estabelece uma relação sadia entre sua mente e seus sentimentos, e todo tipo de comunicação pode ocorrer, em mão dupla. Você consegue compartilhar sua sabedoria e compreensão. Os monstros bonitos, por sua vez, possuem sua própria sabedoria, e também podemos aprender com eles.

A experiência de apertar a mão das dúvidas sobre si mesmo, por exemplo, pode nos ensinar muita coisa sobre o temor inconsciente do sucesso e do desabrochar, e nos ensina a ter enorme compaixão por todos aqueles que também têm esse monstro bonito. Depois que ficamos amigos de nossos monstros bonitos, deixamos de ter medo de nós mesmos.

DANIEL GOLEMAN: A CIÊNCIA

Quando o dr. Aaron Beck fundou a terapia cognitiva, ele voltou o foco terapêutico para as interpretações distorcidas que as pessoas faziam de suas vidas. Minha esposa, Tara Bennett-Goleman, é psicoterapeuta e teve forte influência na integração do mindfulness com a terapia cognitiva. Como Tsoknyi Rinpoche mencionou, ela compartilhou com ele essas ideias — e ele incorporou essa abordagem em relação à mente e à sua ideia dos monstros bonitos.

Tara fez uma série de retiros intensivos de meditação de insight durante um período em que também esteve envolvida com um treinamento de pós-graduação com Jeffrey Young, um pupilo do dr.

Beck. Enquanto a terapia cognitiva de Beck, naquela época, pretendia ajudar pessoas com problemas de depressão e ansiedade, Young elaborou aquilo que chamou de *terapia do esquema*, uma abordagem mais psicodinâmica da terapia cognitiva que se concentra em padrões emocionais comuns, mas incômodos, como um senso de privação emocional ou o medo do abandono, que levam a raciocínios distorcidos e reações emocionais exageradas.

Quando Tara estudou com ele, Young estava desenvolvendo seu modelo do que chama de *esquemas*, padrões emocionais que aprendemos muito cedo e que contaminam nossas relações posteriores e nos fazem sofrer da mesma maneira o tempo todo. Em sua abordagem da terapia do esquema, Young reuniu insights não apenas da terapia cognitiva, mas também da terapia *Gestalt* e da teoria do apego. Um "esquema" consiste em um conjunto de crenças a respeito de si e do mundo e nas emoções a elas associadas. Quando esse pacote de pensamentos e sentimentos é ativado, agimos de uma forma que nos autossabota. Por exemplo, o esquema do "abandono" é ativado toda vez que a pessoa sente que alguém importante para ela não a valoriza, e que por isso vai abandoná-la, banhando-a em tristeza e sensação de pânico. Como defesa contra esse pânico, a pessoa pode ou agarrar-se ao parceiro ou romper preventivamente o relacionamento.

Tsoknyi Rinpoche veio nos consultar várias vezes, ao longo de anos. Ele estava particularmente intrigado com um ponto de vista clínico em relação às emoções, e teve intensas conversas com Tara, que Beck qualificou de "pioneira" ao integrar a meditação mindfulness com a terapia cognitiva em seu livro *Alquimia emocional: A mente pode curar o coração* (na verdade, Tara ensinou mindfulness ao dr. Beck e sua esposa, uma juíza; até então ele jamais ouvira falar desse método).[1]

O trabalho terapêutico de Tara envolvia emoções angustiantes em geral (e padrões de esquemas em situações relevantes). Sua integração das perspectivas filosóficas oriental e ocidental entende cada uma delas como um caminho para enxergarmos a nós mesmos e aos outros de forma mais clara e compassiva, com uma percepção transformativa e criativa que leva a decisões sensatas. Para Rinpoche, Tara reviu essa abordagem nova em relação aos hábitos emocionais, e essas conversas enriqueceram o conceito de monstros bonitos e da prática da saudação. Eis como Tara relembra alguns desses encontros:

Em um de nossos diálogos sobre psicologia, darma e ciência, contei a Tsoknyi Rinpoche sobre os padrões emocionais que eu havia observado em meus clientes na terapia. Talvez por estar tão impregnado com os ensinamentos budistas tradicionais, embora quisesse aprender mais, a preocupação dele era que reconhecer tais padrões poderia levar as pessoas a reificar com ainda mais força esses padrões. Assegurei-lhe de que na verdade o efeito poderia ser o contrário: reconhecer os nossos padrões, ou os de outros, pode nos ajudar a não levar tanto para o lado pessoal. Passa-se a enxergar a situação mais como um padrão, e não a pessoa, reforçando a confiança, e não o ego, e ampliando a compreensão e a compaixão.

Não posso afirmar que essa perspectiva represente a forma como a psicoterapia ocidental enxerga os padrões psicológicos. Porém, tendo um pé no mundo da psicologia ocidental e outro no da psicologia budista, é assim que os enxergo.

Contei-lhe que uso uma cena de O mágico de Oz como metáfora para ilustrar essa perspectiva. Na cena, Dorothy e seus companheiros entram no castelo de Oz, e, ao adentrar a sala de Oz, de repente veem a imensa imagem de um rosto em movimento na tela, com uma voz tonitruante: "Eu sou Oz!".

Eles ficam estupefatos e recuam. Então, o cachorrinho de Dorothy, Toto, corre até uma cabine e puxa a cortina. Lá dentro, um velhinho está curvado nos controles, usando efeitos especiais que criam uma voz todo-poderosa por meio de um alto-falante. Ele fala: "Não prestem atenção no homem atrás da cortina!".

Ao interpelá-lo, ele sai da cabine e se torna seu genuíno eu. Deixando de ser tão temível, ele pede desculpas e começa a ajudá--los — até mesmo ajuda Dorothy a voltar ao Kansas.

É assim que funcionam esses padrões emocionais. Eles alardeiam mensagens barulhentas, às vezes apavorantes, e passamos a imaginar que são reais. Porém, uma introspecção sincera atua como um Toto interior, que puxa a cortina, permitindo que vejamos o que são de verdade. Tornam-se cada vez mais transparentes, até que perdem seu poder.

A terapia cognitiva busca transformar padrões emocionais distorcidos em outros, mais adaptativos. Tara acrescentou o mindfulness a esse trabalho. Nele, o esclarecimento de distorções, por meio do mindfulness, nos permite ver esses padrões com mais clareza, como eles realmente são. No cerne de cada um desses hábitos emocionais reside um sentimento incômodo, e o mecanismo de enfrentamento distorcido dos esquemas pode nos privar de uma vida mais rica e de um relacionamento mais reparador.

Em *Alquimia emocional*, Tara descreveu dez desses padrões emocionais (e posteriormente elaborou outros em seu livro *Mind whispering: Um novo mapa para libertar-se dos hábitos mentais autodestrutivos*) e eu os expliquei a Rinpoche, que disse que aquilo poderia ajudá-lo a compreender melhor seus alunos ocidentais. O talento de Rinpoche para memorizar (talvez parte de seu treinamento como acadêmico budista) ficou evidente por sua rápida compreensão do sistema de alquimia emocional, ao mesmo tempo que desenvolvia o seu próprio sistema. Desse conjunto de dez padrões faz parte a *vulnerabilidade ao mal*, nas palavras de Young. Esse esquema também pode ser sentido como uma leve intranquilidade, mas no extremo transforma-se em medos intensos, como a agorafobia, em que a pessoa tem medo de sair de casa e ferir-se gravemente ou morrer. Resumindo, a pessoa pega uma possibilidade (por mais improvável que seja) e pensa logo no pior — fazendo um medo normal crescer e sair do controle, ignorando a forte improbabilidade, e imaginando como se fossem certas as coisas terríveis que podem acontecer. Resultado: pânico e paralisia. Esse é o preço. A contrapartida emocional: não ter que encarar o temido terror ainda mais profundo que se esconde atrás do padrão de vulnerabilidade ao mal.

Tara conta a história de uma mulher cujo pai quase morreu de ataque cardíaco quando ela tinha catorze anos, e que disse a ela: "Você é a única razão para eu tentar ficar vivo". Ela adquiriu o medo de que a vida dele dependesse dela. Tornou-se profissional de saúde — e uma profissional cronicamente ansiosa. Nunca perdeu o padrão emocional de pegar uma coisa pequena, apenas levemente preocupante, e transformá-la em uma catástrofe absoluta dentro da cabeça. Assim, se o namorado comentava que estava com um pouco de azia, ela já temia que ele estivesse tendo um infarto.

É comum que a raiz desse receio crônico venha da criação por pais e mães que tenham a mesma tendência. Na idade adulta, essa ansiedade pode recair sobre qualquer coisa, da instabilidade econômica à saúde ou à segurança dos entes queridos. Essa preocupação intensa se distingue do tipo adaptativo, em que o receio nos leva à preparação para um risco real. Porém, como Tara observa em *Alquimia emocional*, o problema ocorre quando a ansiedade é exagerada e desproporcional.

Ela afirma que um caminho para a cura desse padrão pode ser a percepção atenta dos pensamentos e sentimentos que levam ao pânico, investigando temores exagerados e treinando a mente para identificar com mais clareza esses sentimentos e a situação que os provocou. Monitorar com atenção plena seus pensamentos ansiosos permite decidir não se deixar guiar por eles nos seus atos — o princípio da liberdade emocional. Parte dessa presença direta, não reativa, plenamente atenta, junto a esses sentimentos profundos, pode ser vista no método da saudação de Tsoknyi Rinpoche.

Uma das variantes do padrão vulnerabilidade-dano é a ansiedade social, em que a pessoa tem medo de ser severamente julgada ou punida de alguma forma. Quem vive com esse problema psicológico não apenas fica aterrorizado ao fazer um discurso em público, mas também teme situações como encontros com estranhos ou simplesmente ser julgado negativamente pelos outros. Por isso, contorce a própria vida para evitar situações em que possa se sentir socialmente ansioso.

Voluntários com ansiedade social foram estudados no laboratório de neurociência de Philippe Goldin, na Universidade da Califórnia em Davis.[2] Goldin tem uma visão singular do estudo da mente e do cérebro: antes de entrar para a psicologia clínica e a neurociência, como pós-graduando em Stanford, ele passou seis anos no Nepal e em Dharamshala, na Índia, estudando a filosofia e as práticas budistas tibetanas. Ele é autor de um dos poucos estudos científicos sobre como uma postura interior de aceitação impacta nossas reações diante de hábitos emocionais incômodos.

Goldin recrutou voluntários que sofriam de ansiedade social e pediu que relembrassem um incidente perturbador — uma situação real — em que tivessem sentido ansiedade aguda. Em seguida, eles deviam escrever com suas próprias palavras exatamente o que aconteceu e que pensamentos negativos em relação a si próprios passaram por sua cabeça durante o evento incômodo. Entre os pensamentos mais comuns, estavam: *As pessoas perceberam toda a minha ansiedade*, *As pessoas sempre me julgam* e *Tenho vergonha da minha timidez.*

Cada pensamento desses desencadeia uma cascata de sentimentos negativos. No cérebro, pensamentos assim, por si sós, acionam o circuito de alerta neural da ansiedade. A equipe de Goldin usou esses pensamentos negativos como gatilho durante ressonâncias cerebrais para ver que circuitos se acendiam quando eles eram acionados.

Goldin deu um passo além. Treinou um grupo de voluntários com ansiedade social para simplesmente observarem os próprios pensamentos e sentimentos, percebendo-os apenas, em vez de reagir a eles. A instrução que ele lhes deu foi a seguinte: "Apenas confie em aceitar sua experiência, instante por instante. Assista-a como um fluxo que passa, sem agir de forma alguma em relação a esses pensamentos e sentimentos".

Os pesquisadores usam o termo *aceitação* para se referir a essa postura não reativa diante de emoções perturbadoras. Chris Gerner, psicoterapeuta, considera a aceitação uma parte relevante da compaixão por nós mesmos.[3] Ele enxerga vários estágios nesse processo que parecem ter um paralelismo com a prática da saudação de Rinpoche. Começa-se pela resistência, a tendência comum a evitar sentimentos desconfortáveis. No estágio seguinte, porém, voltamos o interesse para nosso próprio desconforto. À medida que conseguimos ficar com esses sentimentos, começamos a nos sentir o.k. com esse desconforto e nos tornamos capazes de deixar os sentimentos irem e virem sem ter que reagir. Por fim, vem aquilo que Rinpoche chama de saudação, em que ficamos amigos dos sentimentos antes incômodos.

Os estudiosos do cérebro — e Goldin entre eles — consideram que os pensamentos e sentimentos "gatilhos" ativam um extenso circuito de alarme, que inclui a amígdala. Mas pesquisas realizadas por Hedy Kober em Yale mostram que a postura interior de aceitação de nossos sentimentos reduz a reatividade da amígdala, facilitando a simples aceitação de emoções incômodas, sem deixá-las comandar aquilo que pensamos ou fazemos. A aceitação, ela concluiu, também torna mais fácil aceitar a dor física. O título de seu artigo sobre essas conclusões: "Let It Be" ("Deixe estar"). E não é que é um bom conselho?[4]

Das pesquisas de Philippe Goldin extrai-se algo semelhante. Ele concluiu que pessoas com ansiedade social, quando simplesmente prestaram atenção na própria ansiedade de uma forma não reativa, aceitadora, reduziram essa ansiedade. De maneira talvez surpreendente, a ansiedade — assim como a reatividade da amígdala — diminuiu no mesmo grau de um grupo de comparação que tratou a ansiedade social com terapia cognitiva, um dos tratamentos não farmacêuticos padrão.[5]

A terapia cognitiva, em que, entre outras táticas, a pessoa desafia seus pensamentos amedrontadores, produziu um aumento da atividade em áreas como o córtex verbal e outros circuitos envolvidos na atividade mental. Porém, as duas intervenções renderam reduções similares na ansiedade dos voluntários, sem que a abordagem da aceitação tivesse ativado nada nesses circuitos.

Como explicou Goldin, "a aceitação afrouxa as garras que prendem os pensamentos carregados".

"Deixe abertas a porta da frente e a dos fundos. Deixe os pensamentos entrarem e saírem. Só não lhes sirva um chá."

5. Amor essencial

TSOKNYI RINPOCHE: A EXPLICAÇÃO

Muitos anos atrás, eu estava viajando e lecionando bastante, o que me deixou um pouco desconectado. Por fora, eu estava ótimo, dando conta de todas as minhas tarefas, mas por dentro eu sentia uma espécie de vazio. Durante uma longa série de viagens, estava em um quarto de hotel em Nova Déli, sentado preguiçosamente na cama, zapeando na TV de um canal para outro.

De repente, chamou minha atenção na TV a imagem de um homem bem-apessoado e de uma bela mulher usando roupas elegantes e fluidas, caminhando juntos com altivez e confiança por uma estrada do interior. As roupas e os cabelos compridos esvoaçavam com a brisa leve. A camisa do homem era larga e estava parcialmente desabotoada, permitindo ver parte da barriga tanquinho. A outra parte estava oculta dentro das calças, mas dava para ver que estava lá. Levei a mão à minha própria barriga e apertei a pele flácida.

O casal parecia tão feliz e confiante sem fazer esforço! Eu, por minha vez, não me sentia assim. Desejei o que eles possuíam. Um deles tinha, debaixo do braço, um notebook fino e prateado. Era um anúncio de computador Sony Vaio.

Sacudi a cabeça, pensando: *Que ridículo; é só um comercial, e eles são apenas atores.* Eu sabia de quantas tomadas uma equipe de filmagem precisa para conseguir a imagem perfeita. Sabia que eram modelos e atores profissionais, treinados para passar uma emoção e um estado de espírito específicos, criados para influenciar e convencer o espectador a sentir-se de uma determinada maneira. Mudei de canal e não pensei mais nisso.

Algumas semanas depois, porém, quando eu estava em Cingapura, voltei a ver o mesmo anúncio, que novamente prendeu minha atenção por alguns instantes. O vento soprava os cabelos no rosto dele, mas ele não se importava, por ser tão feliz e descolado. Uma vez mais, sacudi a cabeça e esqueci o assunto.

Algumas semanas depois eu estava em Paris, viajando e lecionando, e vi os dois modelos em um imenso outdoor, segurando o notebook e com o ar extremamente chique. Meu olhar passou para alguma outra coisa.

Mas, depois de ver o outdoor em Paris, eu cheguei a Nova York e comprei aquele computador Sony Vaio.

Durante duas semanas fiquei bastante empolgado com minha nova aquisição. Meu humor melhorou e eu meio que me esqueci do vazio. Divertia-me brincando com ele e admirando o design elegante. Levá-lo comigo a um café me pareceu bem moderno e descolado.

Depois de algumas semanas, porém, esse efeito começou a se desgastar. Comecei a perceber as marcas gordurosas do meu dedo por toda a tela. No anúncio não falavam disso.

Voltei para a Europa para mais alguns trabalhos, e o plugue não era compatível com as tomadas. Tive que comprar adaptadores. No anúncio também não falavam disso.

Várias semanas depois, viajei aos altiplanos do Tibete e o notebook pifou. Aparentemente, as estradas esburacadas, a poeira e a altitude eram coisa demais para ele. Isso também não tinha sido mencionado na publicidade.

Um bem-estar independente das circunstâncias

Através da prática da saudação — o encontro com nosso mundo sensorial de forma crua e direta, sem interesse prévio —, temos a oportunidade de vislumbrar, de vez em quando, um bem-estar natural, sem depender de nossas circunstâncias. Ao fazermos amizade com a beleza de nossos fantasmas, emoções, sentimentos, estados de espírito, reações e resistências, começamos a nos curar de forma profunda e orgânica. O resultado desse processo é uma disponibilidade cada vez maior de uma "sensação o.k." de base, subjacente ao mundo sensorial. Gosto de dar a isso o nome de *amor essencial*.

Não é nada espalhafatoso e barulhento — não chega anunciado por trombetas e fogos de artifício. É algo silencioso e sutil. Sentimo-nos bem, sem uma razão específica. É uma espécie de calor humano interior suave, por baixo dos sentimentos, emoções e estados de espírito em transformação. Podemos dar a isso o nome de "verdadeiro lar do mundo sensorial". De um ponto de vista budista tibetano, é a qualidade chamada de *bindu*, as sementes de energia, parte do corpo sutil, que difere de nosso corpo físico. Nascemos com ela. As crianças sadias sentem-na como uma alegria interior, uma faísca vital, um divertimento, uma prontidão para dar e receber amor.

À medida que crescemos no mundo moderno e participamos do estresse e da competição na escola, na sociedade e no trabalho, nosso amor essencial intrínseco vai ficando coberto por camadas de estresse, juízos pessoais, esperanças e medos. Embora essa faísca interior possa ficar completamente encoberta (por exemplo, em casos de depressão, *burnout* e transtornos de ansiedade), ela nunca é completamente perdida ou destruída. Muitas vezes simplesmente não conseguimos encontrá-la, conectarmo-nos com ela ou vivenciá-la.

Através da prática da saudação, podemos começar a nos reconectar com esse amor essencial que reside dentro de nós. Quanto mais nos conectamos com nosso amor essencial e o alimentamos, mais podemos sentir suas qualidades — a sensação básica de estar bem, e seus sinais: um bem-estar incondicional, uma prontidão para amar, uma faísca de alegria, clareza, coragem e bom humor.

O amor essencial é sutil; não é barulhento nem dramático. É como um sussurro sereno que serve como pano de fundo de nosso mundo sensorial, dizendo bem baixinho: *Estou o.k. Não sei por quê, mas estou o.k.* É fácil não percebermos, porque estamos acostumados a buscar coisas mais ruidosas e coloridas — como emoções, dor e prazer. O amor essencial é muito mais sutil que a empolgação com uma experiência, aquisição ou relação nova.

A essência do amor e a expressão do amor

Há uma distinção importante entre aquilo que chamo de *amor essencial* e o *amor expressado*. O *amor expressado* está diretamente voltado para fora — ele inclui o amor dos pais, o amor de paixão, o amor de amizade, o amor de devoção, o amor de bondade, e assim por diante. Todos eles são maravilhosos e preciosos para uma vida saudável, mas aqui quero chamar a atenção para algo mais fundamental, um passo atrás: a matéria-prima a partir da qual surgem nossas expressões de amor: o amor essencial.

É nele que nasce o amor, ele é a prontidão para dar e receber amor. Quando se irradia a partir do amor essencial, o amor expressado pode ser saudável. Acredito que conectar-se ao amor essencial e alimentá-lo é uma forma importante não apenas de aumentar nossa própria felicidade, em nosso interior, mas também de melhorar a qualidade de nossos relacionamentos.

Precisamos distinguir o amor essencial do amor de si mesmo. Para mim, "amor por si mesmo" soa como uma forma de amor expressado voltada para nós mesmos, como uma lanterna apontada para a pessoa que a segura. Dá a impressão de algo que poderia ser muito saudável, como um bálsamo relaxante — um antídoto contra o julgamento, a recriminação e o ódio de si mesmo. Com certeza, sentirmo-nos bem em relação a nós mesmos é muito melhor que nos criticarmos duramente.

Os mundos espiritual e secular estão, aparentemente, repletos de ensinamentos sobre a importância do amor por si mesmo. Suspeito que exista uma série de significados atribuídos ao conceito de amor por nós mesmos, e alguns deles podem sobrepor-se àquilo que estou tentando explicar aqui.

A qualidade do amor essencial, porém, é um pouco diferente. Ele não tem direcionamento, é como um espaço natural de bem-estar incondicional dentro do nosso mundo sensorial. Não está focado em ninguém, nem mesmo em nós. O amor essencial não é a mente gerando um pensamento ou sensação positiva em relação ao nosso senso do eu, ou em relação a uma imagem do nosso corpo. Não estamos gerando nada nem direcionando a lugar algum. O amor essencial já está dentro de nós, desde o nascimento. Conseguimos notá-lo e alimentá-lo, e a partir daí ele pode transbordar de dentro para fora. Conectar-se ao amor essencial não é exatamente um antídoto para o julgamento pessoal, e sim uma cura para a sensação de vazio interior.

O OPOSTO DO AMOR ESSENCIAL É O VAZIO

Vamos voltar àquele anúncio do computador. Todas aquelas viagens me fizeram ficar zapeando pelos canais de TV até que fui parar naquele anúncio sedutor. Por dentro, meu amor essencial estava, de alguma forma, bloqueado. Quando não conseguimos nos conectar ao nosso amor essencial, podemos ficar com uma sensação de vazio por dentro.

Quando nos conectamos ao nosso amor essencial intrínseco, o vazio se dissipa em bem-estar, num calor humano sutil. Então, nosso amor expressado passa a ser bem menos condicional, porque estamos partindo de uma sensação o.k. mais sadia e profunda dentro de nós.

Quando não conseguimos nos conectar ao amor essencial, em vez de uma sensação o.k., pode ser que sintamos que algo no âmago do nosso ser não está o.k. Em vez de bem-estar, temos a sensação de desequilíbrio e fome emocional. Queremos preencher esse vazio subjacente a nosso mundo sensorial. De forma consciente ou não, grande parte do nosso comportamento pode ser motivado por esse desejo, como uma vontade oculta atuando em nossas vidas. Tentamos preencher o vazio consumindo coisas, possuindo coisas e vivenciando experiências gratificantes uma atrás da outra — como aconteceu comigo com aquele notebook Sony Vaio.

O vazio interior, somado à cultura consumista moderna, é uma combinação perigosa. Os publicitários são espertos e tentam atingir esse vazio com promessas falsas, desencadeando um ciclo incessante de esperança e medo. "Está se sentindo vazio por dentro? Se comprar isto, vai ficar feliz. Se você não tiver isso, vai continuar se sentindo mal." Quando estamos desconectados do amor essencial, podemos acabar introjetando essas mensagens no subconsciente, e podemos começar a consumir por compulsão. Nos casos extremos, podemos acabar presos em espirais descendentes, viciados em substâncias e comportamentos autodestrutivos.

Nossos relacionamentos também podem ser prejudicados por uma vontade oculta de preencher o vazio. Com esse vazio no lugar do amor essencial, a expressão do nosso amor pode ser, em parte, motivada por um sentimento de carência, um desejo de preencher o vazio. Assim, nossa maneira de expressar amor pode se tornar bastante dependente. Pode não ser explícito, pode ser que nem percebamos. Na prática, porém, nosso comportamento pode implicar uma condição: *Vou oferecer meu amor se você fizer x, y e z por mim, e assim não sentirei esse vazio.* Essa intenção oculta pode comprometer, e até solapar, nossa capacidade de ter relacionamentos sadios e oferecer amor de forma incondicional.

É particularmente importante que as crianças sintam uma base de amor incondicional. Embora possam existir condições no nível superficial, como uma bronca quando elas se comportam mal ou as notas estão baixas, ou recompensas quando elas se comportam bem, o desenvolvimento saudável da criança depende de uma sensação estável e robusta de amor incondicional, independentemente das notas que tiram ou de qualquer outro comportamento. Do contrário, elas podem vir a confundir seu valor próprio com o desempenho na escola, nas artes, nos esportes e assim por diante. Confundir o seu próprio valor com o seu desempenho é uma das principais causas da ocultação do amor essencial.

AMOR ESSENCIAL: CONDIÇÕES FAVORÁVEIS E DESFAVORÁVEIS

Discutimos anteriormente como a velocidade do mundo moderno pode dificultar a manutenção de nossa energia bem fundamentada, equilibrada e sadia. Da mesma forma, o mundo moderno é cheio de obstáculos à nossa conexão com o bem-estar natural, impondo barreiras ao desabrochar do amor essencial, na juventude como na vida adulta. Essas condições desfavoráveis são nocivas, pois podem bloquear ou obscurecer o amor essencial. Podem até torná-lo invisível, dando-nos a sensação de que somos incapazes de senti-lo e vivenciá-lo.

Em minhas diversas viagens pelo mundo, percebi que, à medida que se disseminam a educação e a cultura do trabalho modernas, parece ficar cada vez mais difícil enxergar o amor essencial. Talvez um motivo seja o quanto estamos ocupados. Em geral, estamos perdidos em nossa agenda — vá fazer isso, depois faça o dever de casa, agora vá fazer aquilo — a partir de uma idade bastante precoce, na escola e em outras atividades. Essa ocupação acarreta um envolvimento quase total em esperanças e medos, sentimentos que bloqueiam o amor essencial. De uma perspectiva mais profunda, todo amor condicional tem um quê de esperança e medo, quaisquer que sejam os detalhes específicos.

Por outro lado, existem muitos momentos e situações que podem desencadear o amor essencial. O fazer amor, a afeição, a devoção profunda, o amor profundo... são algumas entre incontáveis condições que nos colocam em contato com o amor essencial. É possível também ouvir uma música bonita, estar na natureza, respirar e expirar de forma calma e demorada, alimentar o corpo com comida deliciosa e saudável, e alimentar o nosso *bindu* (as sementes de energia no "corpo sutil") com exercícios saudáveis ou uma sessão serena de ioga.

Lembranças do amor incondicional na sua vida também podem ser um poderoso gatilho. Não precisam necessariamente ser de um relacionamento importante; podem ser até de um momento casual. Talvez alguém lhe tenha dado água amorosamente quando você estava sentindo sede. A lembrança de gentilezas, de amor recebido incondicionalmente pode ajudar a despertar o amor essencial. Outro gatilho comum são lembranças da beleza natural — por exemplo, de contemplar flores e de como você se sentiu ao vê-las. Não eram *suas* flores, você não era dono delas, mas mesmo assim elas lhe fizeram bem. Ou talvez você tenha chegado ao topo de uma montanha e visto um belo pôr do sol. Esse pôr do sol não era o amor essencial, apenas um momento que propiciou a expressão de um estado interno de bem-estar.

Há nisso um certo sabor de liberdade. Nosso desafio, ao vivenciar essas coisas, é aprender a não depender delas, sejam elas o pôr do sol ou o jardim florido de outra pessoa. Em vez disso, através da nossa prática, podemos chegar a vivenciar o amor essencial a qualquer instante, qualquer momento, porque passamos a confiar no seguinte: *Isto está dentro de mim; esta é minha natureza.*

Contudo, essas "conexões" com o amor essencial são um "algo a mais". Gosto de chamá-las de bônus — e o que há de errado com um bônus? Ao mesmo tempo, porém, não se pode depender delas. Tudo que vivenciamos é impermanente. A impermanência significa que uma causa ou condição pode alterar as circunstâncias. Você pode ter uma relação sexual maravilhosa, mas, por conta da impermanência, e do fato de que outros fatores podem interferir, da próxima vez o sexo, a comida, a música, qualquer coisa pode não ser tão fantástica.

Da próxima vez que você for a um show de música, pode ter uma briga pesada com seu parceiro ou sua parceira, e a música pode não lhe proporcionar o mesmo prazer. Qualquer evento desse tipo pode perturbar e alterar essa experiência a qualquer momento. Por isso, temos que aprender a aceitação, a mudança, o desapego. Precisamos encontrar nosso amor essencial sem depender de tantas condições. Na verdade, o amor essencial não depende de nenhuma dessas condições.

Quanto mais dependermos de circunstâncias externas para nos conectarmos ao amor essencial, mais fracos nos tornamos. Nosso cérebro perde interesse no que se torna repetitivo, desliga-se daquilo que antes era um gatilho para o amor essencial, e assim ficamos preguiçosos. Mesmo ao ouvir algo que é autêntico e útil, nós nos sentimos entediados, blindados e distanciados — *Ah, já ouvi isso antes...* Um dia, acabamos descobrindo que perdemos aquele recurso, que nossos gatilhos deixaram de ter eficácia. Por exemplo, digamos que existam quinze circunstâncias principais que desencadeiam em nós o amor essencial. Não é uma lista infinita. Comida, sexo, esqui, viagem às montanhas, e assim por diante... fazemos essas coisas o tempo todo. Um dia, elas deixam de funcionar. Ficamos acostumados, habituados a elas, e elas já não nos empolgam.

Nessa hora, podemos perder as esperanças, e pensar: *Nada me traz felicidade.* Dou a esse fenômeno o nome de *sofrimento de classe alta.* Compramos uma coisa nova e ficamos empolgados por duas semanas, assim como eu com meu Sony Vaio. Sentimo-nos impelidos a ficar repetindo aquele gatilho na esperança de redescobrir o amor essencial. Se comermos nosso prato favorito todos os dias, durante um mês, em vez de amor essencial, vamos ficar enjoados e vomitar. O desenvolvimento interior, por outro lado, não termina assim. Não diminui, só aumenta.

Vamos pegar, por exemplo, uma coisa que aconteceu comigo recentemente. Fui até o Pokhara, uma famosa região montanhosa do Nepal, e foi maravilhoso. Ficamos hospedados em um lugar rústico, fora da zona urbana, uma espécie de acampamento. Não tinha banheiro nem chuveiro, mal tinha eletricidade. Sofri um pouco, mas curti muito. Então, ao voltar para casa, vi como tudo era tão confortável e prático. Meu vaso sanitário fica a dois passos de distância. Disponho de água encanada, água quente e uma cama muito confortável. Durante um dia, desfrutei daquele conforto, mas depois me esqueci dele. Ficou tudo normal de novo, e pensei: *Claro que é para ser assim.* Considerei aquilo como algo dado, em vez de algo que deveria ser apreciado.

Surge um problema, porém, quando confundimos o gatilho, a condição, com o amor essencial, que é intrínseco. Condições podem inspirar o amor essencial, mas método algum — coisa alguma — pode *criar* o amor essencial. Na verdade, embora essas atividades possam acionar o amor essencial, chega o dia em que não precisaremos mais depender de nenhuma delas. Em vez disso, através de nossa mente, através de nossa prática, vamos nos reconectar ao amor essencial sem necessidade dessas condições.

Essa independência de fatores externos marca o começo da liberdade interior. Então, até mesmo sozinhos em um quarto escuro conseguiremos nos conectar ao amor essencial. Mesmo no momento da morte seremos capazes de nos conectar com ele.

A prática

Em vez de ser intenso, como o êxtase ou prazer inebriante, o amor essencial é como um leve calor ou umidade em uma sala, que podemos nem perceber por estarmos maravilhados com os objetos coloridos ou as pessoas nesse ambiente. Fundamentalmente, o amor essencial está sempre presente dentro de nós, e assim que conseguimos nos conectar com ele e alimentá-lo, podemos percebê-lo subjacente a qualquer estado de espírito, sensação ou emoção. Eis algumas práticas que podem ajudá-lo a ativar o amor essencial.

PERCEPÇÃO

Sente-se relaxadamente, no chão ou em uma cadeira. Durante alguns instantes, deixe de lado os pensamentos e concentre a atenção no seu corpo. Agora, abra suavemente os olhos e contemple serenamente o cômodo. Deixe sua atenção perceber os objetos, como você faria naturalmente. Agora, deixe de lado a atenção a esses objetos e simplesmente perceba o espaço do cômodo por alguns instantes. Agora, volte a prestar atenção nos objetos. Em seguida, deixe novamente de lado o foco nos objetos e perceba apenas o espaço que tudo contém. Permita que a sua consciência vá e volte, observando a sensação gerada por esses dois estados.

REFLEXÃO SOBRE AS ÂNSIAS

Em minha tradição, falamos de "fantasmas famintos", espíritos com goelas pequenas e barrigas enormes, que vagam atormentados pela fome e pela sede, sem nunca estar satisfeitos, porque nada que consomem é capaz de saciar seus desejos.

Os fantasmas famintos servem como metáfora para diversos tipos de ânsias insaciáveis, que nos levam a perder de vista as consequências de nossos atos e nos mantêm presos a um ciclo interminável de tentativas de satisfazer essas ânsias. Uma analogia tradicional da tentativa de saciar essas ânsias é beber água salgada.

Contemplar experiências assim — sejam elas literais ou metafóricas — pode ser fonte de grande compaixão. Refletir sobre a influência da "mentalidade do fantasma faminto" em nossa vida pode trazer um aprendizado importante.

Sente-se relaxadamente, no chão ou em uma cadeira. Por alguns instantes, abandone a mente consciente e leve sua consciência para dentro do corpo. Contemple a existência de "fantasmas famintos", seres impelidos por intensas ânsias que não podem ser saciadas nunca. Reflita sobre se essa mentalidade se apresenta em sua própria mente, em sua própria vida, e de que forma isso acontece. Leve em conta que nada exterior que você puder consumir jamais vai saciá-lo plenamente, ou proporcionar-lhe bem-estar duradouro. Pense que você já possui uma sensação o.k. básica e intrínseca, que já existe dentro de você e é uma fonte de bem-estar incessante. Aspire a reconectar-se com seu direito de nascença ao amor essencial, e alimente-o.

O MÉTODO DO GATILHO

Os gatilhos oferecem condições e atividades "condutoras" que acionam o amor essencial. Cada um de nós possui vários gatilhos, inspirações e associações possíveis, de modo que um mesmo gatilho pode ter diferentes efeitos sobre cada um de nós. Sinta-se à vontade para trocar um gatilho saudável por outro, que dá certo com você, como a memória de ser incondicionalmente amado, ou uma contemplação do pôr do sol.

A questão principal, aqui, é permitir que o gatilho ou inspiração acione o amor essencial, e a partir daí passar algum tempo percebendo o amor essencial em si, esquecendo um pouco do gatilho.

Ativando o amor essencial com música

Prepare a prática separando uma música (ou várias) que você considere particularmente agradável, que o emocione de verdade. Escolha músicas que durem de metade a dois terços do tempo total da sua prática.

Fique em uma postura relaxada e confortável e comece deixando sua consciência se voltar para o seu corpo por alguns minutos. Em seguida, ponha para tocar a música que preparou. Deixe-se banhar e atravessar por ela. Aprecie por alguns minutos sua beleza. Permita que ela o inspire. Perceba as sensações e emoções no seu corpo ao ouvi-la. Agora, tente conectar-se com uma qualidade subjacente mais sutil no mundo sensorial, uma sensação básica e boa de bem-estar. Quando a música terminar, afaste sua atenção primeiramente da música e depois das sensações e emoções no corpo, e tente simplesmente ficar com o amor essencial, a sensação o.k. Não é preciso fazer nada a respeito, apenas fique imerso nela.

Ativando o amor essencial com uma respiração longa e suave

Comece da mesma maneira, ficando em uma posição relaxada e confortável e soltando a consciência corpo adentro por alguns minutos. Agora, comece a inspirar e expirar longamente, com consciência e suavidade, por cinco a dez minutos. Faça isso em um ritmo relaxado. Deixe a respiração suave relaxar, alimentar, inspirar você. Perceba as sensações sutis em seu corpo, durante as longas inspirações e expirações — cócegas, quem sabe, ou calor, ou paz, talvez um pouco de contentamento ou êxtase suave. Agora, afaste sua atenção da respiração e das sensações e tente perceber o bem-estar sutil, ou a sensação o.k. subjacente. Quando lhe parecer apropriado, permita que a respiração volte ao normal e fique simplesmente com o amor essencial, deixando-o banhar seu ser por inteiro. Não há necessidade de nada em especial, apenas de reconectar-se com essa sensação o.k. interior.

Ativando o amor essencial com movimentos suaves

Você pode usar o tipo de movimento suave que preferir, como *qigong*, ioga suave, tai chi, alongamento, caminhadas, ou outros. Comece soltando-se dentro do corpo e permanecendo nele por alguns minutos. Agora, comece a mexer-se suavemente, da maneira que bem entender. Desfrute da movimentação fluida do corpo, de um alongamento ou de uma caminhada. Esteja consciente da posição do seu corpo no espaço e procure estar o mais "incorporado" possível ao se mexer. Permita que o movimento o inspire. Agora, preste mais atenção às sensações por todo o seu corpo. Por fim, desvie a atenção do movimento e das sensações e tente perceber a sensação o.k., o bem-estar básico do amor essencial por trás das sensações. Fique com ela, simplesmente. Esteja você se movendo ou em repouso, apenas continue sentindo e ficando com seu amor essencial intrínseco. Reconecte-se com ele e deixe-o alimentar você.

O MÉTODO NATURAL

Fique em uma postura confortável e relaxada e procure soltar a consciência corpo adentro, repousando dentro dele por alguns minutos. Traga à mente uma experiência de prática da saudação, em que você tenha se aberto de dentro para fora, e tente se lembrar do amor essencial que você pode ter percebido então. Agora tente vivenciar diretamente, de novo, um bem-estar natural, aquela sensação o.k. Se conseguir encontrá-la, simplesmente fique com ela. Você pode usar um pouco de mindfulness para ajudar a se reconectar, ficando atento à sensação o.k. Pode ter que procurar um pouco por esse vislumbre da sensação o.k.: *Onde você está? Onde está a sensação o.k.?* Não procure uma sensação condicional. Se encontrar um bem-estar, algum momento de sensação o.k. em seu mundo sensorial, atenha-se a ele. Fique com ele, com a ajuda de um mindfulness suave.

Caso não consiga encontrar esse cantinho suave de bem-estar e sensações boas, retorne à saudação. Bem nesse instante, aceite tudo aquilo que aparecer no momento da sua experiência — medo, tristeza, indiferença — e fique com a sensação. Quando tudo se abrir, o amor essencial vai reaparecer. Continue fazendo isso, e um dia o amor essencial ficará mais disponível. Quando você procurar por ele, ele logo vai dizer: *Ei, estou aqui*. Nesses momentos, você nem precisará da prática da saudação: bastará ficar com o amor essencial e alimentá-lo.

Se você não tiver certeza, ou se, em vez do amor essencial, você só encontrar o vazio, pode continuar procurando. Pode chamar silenciosamente, dentro da sua cabeça: *Ei, amor essencial, onde você está?* Ele pode aparecer, porque você já o vivenciou antes através da saudação. Basta observar e procurar. Às vezes você terá que gritar para si: *Onde você está??* Se ele estiver disponível, ótimo. Se não estiver, faça a saudação. É por isso que a prática da saudação é tão importante, o tempo todo. Quaisquer obstáculos e bloqueios, em qualquer momento, precisam se abrir. E é pela saudação que eles vão se abrir.

O amor essencial é menos uma prática e mais um bem-estar ou sensação o.k. básica inata. Em algumas pessoas, o amor essencial está prontamente disponível, porque não foi bloqueado pelos "monstros bonitos". Elas só precisam voltar sua atenção para ele, percebê-lo. Outros não conseguem encontrá-lo, não porque tenha desaparecido, mas apenas porque ficou obscurecido. Esses métodos ajudam a nos reconectar com o amor essencial.

Toda vez que você se conecta com o amor essencial, pode alimentá-lo simplesmente ficando com ele, imergindo nele. Descanse nele. Banhe-se nele. Deixe-o lavar você. Deixe-o inundar você. Perceba suas qualidades sutis — uma sensação o.k. sem motivo especial, uma prontidão para dar e receber amor, uma faísca de contentamento e bom humor, clareza natural, coragem.

Você pode sentir vontade de expressar esse amor, contentamento, bom humor ou coragem. Esse impulso é muito positivo, mas ainda não há necessidade de expressar nada. Ao praticar, apenas conecte-se com o amor essencial e fique com ele, fortalecendo a conexão. Você terá várias oportunidades de expressar externamente seu amor essencial na vida cotidiana. Agora é a hora de fortalecer seu próprio acesso, sua própria confiança para encontrar o lar do mundo sensorial, seu bem-estar natural. Apenas descanse em seu lar.

Um ponto crucial: reconheça o amor essencial com a maior frequência possível na prática de meditação formal assim como na vida cotidiana, com e sem o uso de gatilhos. Siga esta dica: "pouco tempo, muitas vezes". Isso nos relembra que temos que nos reconectar, reforçar a conexão e alimentar o amor essencial dentro de nós.

Acredito que essas formas de se conectar ao amor essencial são a chave para uma vida saudável, plena de bem-estar. Do contrário, podemos ficar presos para sempre na dependência de condições externas, buscando sempre a autogratificação em algo exterior a nosso próprio ser. É como se estivéssemos sempre com fome, tentando comer alguma coisa para preencher o vazio. Quando nossas mentes ficam assim, nunca nos libertamos, e por *livre* quero dizer uma felicidade despreocupada e bem-disposta.

Os grandes mestres da geração passada tinham essa boa disposição em seu âmago. Sua mente não ficava julgando e comparando, mas era compassiva, livre, cheia de bem-estar, e ao mesmo tempo preocupada e alerta. O amor essencial é crucial para tudo isso. Minha aspiração é que descubramos esse amor dentro de nós mesmos e o compartilhemos com os outros.

DANIEL GOLEMAN: A CIÊNCIA

Tive uma semana frutífera no retiro em que Tsoknyi Rinpoche lecionava. As práticas me deixaram em um estado em que me senti continuamente à vontade e "feliz sem razão", nas palavras de Rinpoche. Sentia-me pleno do jeito que estava, sem precisar de nada mais. Sentia-me ótimo em relação a tudo, o que quer que acontecesse.

Tara e eu estávamos levando Rinpoche do retiro até a nossa casa, a algumas horas de distância, para uma visita.

"Senti-me muito, muito bem mesmo", disse eu a Rinpoche. "Agora sei o significado de *bem-estar*."

"Você está em contato com a sensação o.k., o sinal do amor essencial", respondeu Rinpoche.

"Queria que durasse para sempre", respondi.

"Vai durar enquanto você continuar a encontrar esse lugar dentro de você", disse-me ele.

Mas, ao chegar em casa, vi-me preso no redemoinho das minhas listas de afazeres cotidianos, ligações, e-mails e outras tarefas, e a sensação de bem-estar foi se esvaindo aos poucos, encoberta pela cascata de coisas a fazer, em que pensar e com que se preocupar todos os dias.

Existem dois tipos de felicidade. O primeiro, como aponta Rinpoche, depende daquilo que acontece ao longo do dia — e, se ela dá um "barato" quando acontecem coisas boas, podemos mergulhar em sentimentos ruins quando a vida não caminha bem. Essa gangorra emocional foi desgastando aos poucos meu êxtase do retiro.

O segundo tipo de felicidade, mais constante, vem de dentro e permanece conosco, independentemente do que acontecer. É isso que Tsoknyi Rinpoche chama de *amor essencial*, com sua sensação o.k. reveladora, que equivale a nos sentirmos felizes sem um motivo específico — isto é, sem depender de alguma coisa exterior que nos faça sentir melhor. É uma qualidade positiva constante, haja o que houver — até mesmo decepções, frustrações e reveses.

Há quem acredite que a psicologia é autobiográfica — isto é, que o psicólogo intui onde ele deve focar sua pesquisa com base, até certo ponto, na sua própria experiência. Esse pode ser um dos motivo pelos quais, ao longo da história, esse campo tenha tido pouco a dizer a respeito de um estado interior que permanece positivo, não importa o que nos suceda — os psicólogos provavelmente desconhecem essa experiência. E por isso esse equilíbrio independente dos fatos ficou de fora do mapa da experiência humana da psicologia. O foco desse campo do conhecimento está, em grande medida, nos estados patológicos, como ansiedade extrema e depressão.

Apenas recentemente a ciência psicológica começou a focar em qualidades relacionadas àquilo que Rinpoche chama de *sensação o.k.* Essa mudança em direção a um foco mais positivo começou com um aumento do interesse pelo movimento da "psicologia positiva", que trouxe para o âmbito da ciência aspectos mais positivos da nossa experiência — entre eles, encanto, gratidão e compaixão.

Esse novo olhar ressaltou qualidades que compartilham certos aspectos com o amor essencial, como a "felicidade intrínseca", ou, pegando emprestado um termo grego, a *eudomania*, às vezes traduzido como "desabrochar". Esse tipo de felicidade vem de dentro e parece imune aos acontecimentos da vida.

O paralelo mais próximo da sensação o.k. na psicologia pode ser o novo campo do bem-estar, e a constatação — e confirmação científica — de que esse estado interior positivo pode ser cultivado: o bem-estar é uma habilidade.[1] Meu velho amigo Richie Davidson (aluno de Mingyur Rinpoche, renomado neurocientista e irmão de Tsoknyi Rinpoche) chefia um grupo na Universidade do Wisconsin que está divulgando o bem-estar, tanto através de pesquisas sobre o tema quanto pela oferta de um aplicativo gratuito para ajudar as pessoas a alcançá-lo.[2]

O princípio-chave dessas pesquisas é nossa capacidade de cultivar um senso interior de bem-estar. Na neurociência, a ideia geral se baseia na "neuroplasticidade": quanto mais praticamos determinada rotina, mais robustos ficam os circuitos de base do cérebro. Nas palavras de Davidson, é a ideia de que o bem-estar é uma habilidade que podemos praticar e dominar. Isso vale tanto para a prática de meditação quanto para uma tacada de golfe.

"Pouco tempo, muitas vezes" serve como um lembrete para praticar regularmente esses movimentos mentais; eles ocorrerão com mais frequência e mais naturalidade. Na verdade, a palavra tibetana para a meditação, *gom*, significa algo como "acostumar-se". Em outras palavras, quanto mais nos conectamos com nosso amor essencial, ficando assim mais familiarizados com essa sensação o.k., mais prontamente podemos acessá-la.

Um componente-chave do bem-estar, propõe o grupo de pesquisa de Davidson, consiste na atividade de uma região crucial do córtex pré-frontal, o centro executivo do cérebro, localizado logo acima dos olhos e atrás da testa. Os circuitos cerebrais que convergem para essa região estimulam a consciência de si, no sentido de sermos mais capazes de monitorar nossos próprios pensamentos e sensações e perceber quando algo nos distrai — a chave para voltar a focar naquilo que está acontecendo no instante presente.

Pesquisas em Harvard e outras universidades concluem que, quanto mais nossa mente divaga, pior nos sentimos.[3] Assim, por exemplo, quanto mais tempo as pessoas passam rolando a tela de seus celulares, maior a probabilidade de declararem depressão. Por outro lado, o grupo de Davidson concluiu que ser capaz de trazer nossa atenção para aquilo que está acontecendo dentro de nós e à nossa volta no presente permite uma sensação mais forte de bem-estar. Isso combina com as descobertas daqueles que estudam a psicologia positiva: a capacidade de refletir sobre nossa experiência nos ajuda a ter um estado de espírito mais feliz.

Assim, um espírito curioso e aberto em relação a nossos hábitos emocionais e aos pensamentos que os acompanham — como na prática da saudação, em que os observamos chegar e partir com aceitação — também contribui para nossa sensação de bem-estar.

Os circuitos cruciais do cérebro para essa parte do bem-estar ficam centrados no córtex pré-frontal — por exemplo, ter consciência de nossos pensamentos envolve circuitos na região lateral do córtex.[4] Ser capaz de administrar seu próprio estado emocional depende de uma forte conectividade entre os circuitos da região pré-frontal que se conecta à amígdala, o radar do cérebro para ameaças e o gatilho de sensações como raiva e medo.

Muitos tipos de meditação parecem facilitar essa mudança no cérebro. Quando olhamos para nossa própria mente com uma atitude de aceitação (o cerne da prática da saudação), os benefícios parecem ainda maiores no nível biológico — como, por exemplo, uma redução dos sinais biológicos de estresse.

Quando conversei com Richie sobre bem-estar, ele me direcionou para pesquisas de seu grupo sobre resiliência, a capacidade de se recuperar rapidamente de uma decepção.[5] Algumas pessoas são, por natureza, lentas para se recuperar — mas, como aponta Richie, todos nós podemos aprender a nos recuperar mais rapidamente de decepções.

Recuperar-se rapidamente de decepções e alterações biológicas provocadas pelo estresse é uma das três formas que métodos como a saudação oferecem para nos ajudar. Outra forma tem a ver com a facilidade com que a decepção se desencadeia em nós. Algumas pessoas têm a sensação de que seu dia é repleto de eventos decepcionantes, perturbadores, enquanto outras reagem pouco ou nada aos mesmos incômodos. Isso também pode ser aprimorado através da prática adequada.

O terceiro aspecto da reatividade emocional reside na intensidade com que vivenciamos nossas decepções. Mais uma vez, em algumas pessoas o gatilho emocional desencadeia um elevado nível de sofrimento e decepção psicológica, enquanto em alguns sujeitos menos reativos os gatilhos emocionais se manifestam como um soluço, e não como uma tempestade.

Como vimos, a saudação é uma maneira prática de lidar com nossos gatilhos emocionais e as decepções que deles resultam. E esse método abre uma porta de entrada para nos tornarmos mais imperturbáveis: a sensação o.k.

Existem outros pilares do bem-estar, conclui o grupo de Davidson. Um deles vem da simples autoindagação, do exame de nossas emoções e suas causas com uma atitude de aceitação, livre de julgamento. Esse método, é claro, está alinhado com a saudação que enseja a sensação o.k. Pesquisas sobre o cérebro indicam que esse processo aciona regiões do centro executivo (as mesmas usadas para lidar com emoções perturbadoras) e uma rede neural que é acionada durante a "autoindagação construtiva". Resultado: aquela sensação de bem-estar.

Outro pilar do bem-estar bastante semelhante à prática da saudação é aquilo que chamamos de insight, a consciência daquela voz na nossa cabeça que conversa conosco do momento em que acordamos, de manhã, até a hora em que adormecemos. Às vezes essa voz nos dá uma palestra motivadora, fazendo a gente se sentir mais energizado e entusiasmado com a vida, dando uma turbinada no nosso estado de espírito positivo.

Mas a mesma voz pode ser julgadora, fortemente crítica do que fazemos, dizemos ou até pensamos. Nesse caso, é bom encontrar um lugar estável em nossa mente onde possamos deixar esses sentimentos irem e virem. É análogo ao que nos oferece a prática da saudação. Quando os pensamentos negativos se esvaem, a sensação de bem-estar desabrocha.

Ter compaixão por nós mesmos e uma atitude de aceitação, as pesquisas concluem, reforça nosso senso de bem-estar de maneiras que vão de uma capacidade maior de lidar com sensações que nos perturbam até uma melhora na habilidade de ter empatia, como a capacidade de pegar indiretas sutis. Em compensação, a rigidez e o autojulgamento sobre nossa forma de enxergar nossos pensamentos e sensações nos predispõem à depressão e à ansiedade.

Em termos de atividade cerebral, esse aspecto de um senso positivo de bem-estar parece estar associado a conexões mais robustas entre as funções executivas do córtex pré-frontal e aquilo que é conhecido como "rede de modo padrão", um conjunto de circuitos cerebrais que fica mais ativo quando nossa mente divaga, como em um devaneio — um estado mental em que ficamos mais propensos a ruminar pensamentos incômodos sem parar, em vez de pensar de maneira mais construtiva.

A característica marcante do amor essencial e da sensação o.k. que experimentamos vai além da redução da probabilidade de problemas emocionais como depressão e ansiedade. É o lado bom que faz a verdadeira diferença em nosso estado interior: a "faísca" que acompanha as sensações de contentamento e disposição para a vida.

Embora essa sensação o.k. trazida pela conexão com nosso amor essencial seja, em um sentido bem concreto, uma recompensa por si só, existe uma série de outras vantagens para nossa saúde física e emocional. Por exemplo, aqueles que relatam um nível mais elevado de bem-estar são mais resilientes ao estresse, seu tempo de recuperação é menor quando sofrem uma decepção.

Juntamente com essa resiliência diante do estresse, há uma série de outros benefícios à saúde, entre eles um risco menor de doenças cardíacas e outros transtornos médicos agravados por processos inflamatórios provocados pelo estresse, como artrite, diabetes, asma e outros. Da mesma forma, existem números robustos indicando que o bem-estar reduz nossa vulnerabilidade a condições emocionais negativas, como a ansiedade crônica e intensa e a depressão (e, provavelmente, uma série de outros problemas, como transtornos alimentares e até psicose), além de aumentar a concentração e reduzir distrações (o que, por si só, melhora os humores negativos). Outro bônus: menos divagações e mais foco levam a um aprendizado melhor, como mostram os resultados de testes.

Em suma, as instruções para o cultivo do amor essencial vão além da prática da saudação, aproveitando a autoaceitação para acessar a faísca fundamental da sensação o.k. que carregamos conosco, o lar natural de nosso mundo emocional. Ao reconhecer, restaurar e alimentar nosso bem-estar natural, o amor essencial permite que não fiquemos presos à armadilha dos pensamentos de autojulgamento. Ao contrário dos métodos de autoajuda, limitados ao nível da autoavaliação verbal, reforçar nosso amor essencial é uma forma de alimentar a qualidade do bem-estar fundamental, para além dos altos e baixos de nossos sentimentos e emoções. E isso nos coloca em contato com nossa sensação o.k. interior.

Como veremos no próximo capítulo, o amor essencial fortalece a compaixão por nós mesmos, um passo preliminar para a compaixão por todas as pessoas.

6. Amor e compaixão

TSOKNYI RINPOCHE: A EXPLICAÇÃO

Pouco tempo atrás, me perguntaram: *Como você aprendeu sobre o amor?*

O tipo de amor sobre o qual aprendi com todos os meus professores — desde o meu avô até todos os grandes mestres que conheci — era bem diferente do amor "normal". O gosto do amor e da compaixão estava presente, mas combinado a muita abertura, possibilidade de inclusão e ausência de julgamento. Eles nunca disseram: *Ah, eu amo você, você é incrível, você é maravilhoso.* Mas sempre me deram a maior das dádivas: foram inclusivos, abertos e atenciosos. Nunca me senti apartado de meus professores. De alguma forma, a sensação da atenção deles me segue como uma sombra, aonde quer que eu vá.

Amo você era algo que nem mesmo meu pai costumava dizer. Tampouco eu precisava ouvir. A abertura, sem nenhum tipo de desejo possessivo ou interesse oculto, também é amor. É mais como uma sensação geral de carinho. O não julgamento também é amor.

O amor pode se manifestar em várias outras dimensões. Não fica concentrado apenas em uma área. Eu tinha a sensação de que eles eram muito abertos, atenciosos e prontos para me ver e receber a qualquer momento. Eram muito acessíveis. Nunca senti que precisasse marcar hora para vê-los, ou que a pergunta que eu queria fazer a eles era indevida. Hoje, percebo o quanto isso é especial. A atenção deles era quase como um espaço físico, ao contrário do amor condicional. Esse espaço é o autêntico amor em todas as suas manifestações. Sem essa qualidade espacial tolerante, essas manifestações não ocorreriam.

Na verdade, eu só vim a aprender sobre o conceito de amor mais restrito e concentrado anos mais tarde, quando vim morar no Ocidente. Ele é condicional. Também é amor, mas sob uma forma muito intensa. O amor dos pais e o amor romântico são cheios de sentimentos poderosos — doces e amargos.

Todos gostam de falar de amor e compaixão. Em certo sentido, amor e compaixão estão entre os temas mais simples e mais naturais da meditação e do caminho espiritual. Transcendem quaisquer diferenças de filosofia, doutrina e tradição. Podem servir de ponto de encontro entre diferentes fés, assim como entre os mundos secular e religioso. Uma sutileza é que, do ponto de vista do budismo, todos os seres sencientes possuem amor e compaixão. Podemos até dizer que nossa verdadeira natureza *são* o amor e a compaixão. Embora tenhamos essa natureza desde o nascimento, também podemos cultivar essas qualidades de forma consciente. É como estimular algo a brotar, crescer e expandir-se.

Alimentar o amor e a compaixão torna-se, então, uma dança entre o reconhecimento de uma capacidade inata e o incentivo a diversas formas de cultivá-la, entre elas a observação do nosso ego e das formas como ele pode obstruir e contaminar nosso amor e compaixão. Em minha tradição, atribuímos grande importância àquilo que chamamos de *bodhicitta*, que pode ser traduzido como *generosidade ampla e sem preconceito*. Esse é o padrão ideal de motivação, o tipo de intencionalidade mais precioso a que podemos aspirar. Antes que esse altruísmo sem preconceito possa desabrochar, porém, precisamos nutrir as sementes de nosso amor e compaixão.

A natureza subjacente

O amor e a compaixão inatos no âmago de nossa natureza são como o sol em uma casa toda fechada. O sol não para de brilhar e irradiar seu calor natural, mas a casa que retém esse calor está bem fechada. As persianas representam nossos obscurecimentos, como o autocentrismo, a fixação no ego, o apego exagerado, os preconceitos e as repulsas. Mesmo que as persianas bloqueiem grande parte da luz e do calor do sol, não conseguem bloquear tudo. Raios de luz e calor escapam por entre as fendas. Essas fendas são como as sensações e pensamentos de amor e compaixão que não deixamos de ter, o carinho que sentimos pela família e pelos amigos, por nossos animais de estimação, o amor romântico que somos capazes de sentir, e assim por diante. Parte da prática consiste em compreender e confiar em nossa natureza inata de amor e compaixão; outra parte consiste em esforçar-se para remover as persianas que obscurecem, de modo que a natureza do amor possa reluzir e irradiar-se livremente para todos os seres.

Antes de me aprofundar na exploração da natureza do amor e da compaixão, vamos retornar ao amor essencial. No capítulo anterior, falamos do amor essencial como uma sensação o.k. básica, um bem-estar natural com o qual nascemos, mas que muitas vezes acaba encoberto por camadas de estresse, autojulgamento e diversos bloqueios emocionais. Mostramos que o amor essencial é a base e a semente de um *amor expressado* sadio. A forma saudável de expressar compaixão, ou de treinar sua expressão, baseia-se no amor essencial.

O amor essencial ajuda a minimizar possíveis efeitos colaterais da compaixão, como ficar deprimido diante do sofrimento alheio, ou alimentar o ódio por quem o provocou. Podemos nos deprimir porque testemunhar o sofrimento pode desencadear um sentimento de vazio interior. Com o amor essencial, conseguimos canalizar nossa empatia e compaixão em atitudes e amor, sem o vazio ou a energia destrutiva do ódio. Sem o amor essencial, também podemos nos tornar possessivos ou obcecados, ou ficarmos presos a relacionamentos nocivos e codependentes. Basicamente, nosso amor e compaixão inatos acabam se manifestando de formas muito obscurecidas e limitadas. Isso pode nos tornar preconceituosos e até profundamente confusos. Tendo um amor essencial sadio e bem fundamentado, o amor e a compaixão se irradiam naturalmente, com menos bagagem e menos histórias, menos gatilhos para nossas feridas.

Um objetivo crucial aqui é sentir amor e compaixão não apenas por aqueles mais próximos do nosso coração, mas também por nossos inimigos. Para alcançar isso, precisamos primeiro ter uma base de amor essencial. Do contrário, a verdadeira compaixão repousa sobre um terreno instável. Por exemplo, um padrão habitual pode reforçar nosso amor e compaixão, como preferir determinado tipo de cão, mas isso seria tendencioso. Sem o calor subjacente do amor essencial, nossos sentimentos e gatilhos se transformam em um amor e uma compaixão enviesados. É por isso que o amor essencial é tão crucial como base para o amor e a compaixão sadios.

Resumindo, o amor sadio acompanha o amor essencial, enquanto o amor nocivo carece desse fundamento. É uma questão delicada. Não estou julgando quem tem um amor e uma compaixão "nocivos". Quero apontar as dificuldades que encontramos para expressar nosso potencial. Como o apego, o ciúme e a possessividade muitas vezes giram em torno do amor e da compaixão, todos nós temos que lidar com um coquetel de emoções confusas.

Às vezes você pode estar vivendo uma experiência do amor, sem saber se ela é sadia ou não. É possível usar o mindfulness para descobrir, adquirindo consciência da situação e dos seus sentimentos amorosos. É possível, por exemplo, conhecer alguém que lhe desperte um interesse romântico. Sentir excitação, possibilidades, fantasias, um quê de ciúmes em relação às outras opções — uma roda viva de emoções misturadas. Tente afastar essa consciência da outra pessoa e trazê-la para seu mundo sensorial, conscientizando-se desses sentimentos em si mesmos. Reconecte-se, então, com o amor essencial e fundamente-se em sua própria sensação o.k. básica. Em seguida, volte seu olhar novamente para o sentimento amoroso.

Havia ou não havia viés? Havia ou não havia raiva? Quando você se conecta com o amor essencial, há muito menos preconceito ou raiva. Evidentemente, um pouco de apego ou ciúme, dentro de uma faixa de normalidade, está presente no nosso amor. Porém, pode haver uma quantidade excessiva. Caso sinta que há demasiado, reconecte-se ao amor essencial, e procure expressar o amor a partir daí. Com o amor essencial, evitamos o desequilíbrio; nosso apego e ciúme não fogem do controle. Isso faz muita diferença!

Com o amor essencial, você sente segurança e ausência de vazio. Também prevalece uma compreensão que nos salva dos extremos. Por exemplo, digamos que eu sinta amor pela minha namorada. Mas vejo outro cara olhando para ela. Posso sentir raiva e muito ciúme. Mas se eu tiver o amor essencial, terei certa segurança. Poderei dizer a mim mesmo: *O.k., estou sentindo isso. Mas tudo bem. Ele tem olhos para olhar. Não é nada de mais.* Isso é o amor essencial conversando com a minha insegurança.

A raiz do budismo está na busca da felicidade e do bem-estar, tanto para nós mesmos quanto para os outros. Queremos que todos sintam isso, que tenham a mesma oportunidade. Por isso, estudamos as diversas razões pelas quais todos os seres humanos são basicamente iguais: somos todos iguais no desejo da felicidade e no desejo de não sofrer. Tradicionalmente, damos a essa linha de pensamento o nome de *lojong*, que significa "treinamento da mente". Sua Santidade, o Dalai-Lama, é um de seus maiores proponentes, assim como minha velha amiga Sharon Salzberg, grande mestra da prática da meditação da bondade amorosa.

Embora possamos classificar a felicidade de várias maneiras, e embora a felicidade tenha uma forma diferente para cada um, existe um tipo de felicidade comum que podemos chamar de "ética": a felicidade e o bem-estar que não fazem mal ao outro. A felicidade ética se aproxima do bem-estar básico do amor essencial. Infelizmente, algumas pessoas têm mais oportunidade de vivenciá-la, e outras menos; alguns vivenciam mais sofrimento, outros mais felicidade. A bondade amorosa é o sentimento de amor por aqueles que têm menos oportunidade, ainda que tenham o mesmo direito de ser felizes e florescer. O amor é o desejo de que eles desfrutem da felicidade.

Os níveis de expressão amorosa

O amor é um tema complexo, a palavra *amor* tem inclusive diversas conotações. Em nossa tradição, dispomos de uma série de termos, como a palavra *metta* (*Maitr*, em sânscrito), muitas vezes traduzida como *compaixão*, *benevolência* ou *boa vontade*. Essas definições ajudam a distingui-lo de associações mais comuns com o amor possessivo. Também dispomos de outras palavras semelhantes a *carinho* e *afeição* em português.

Gosto de pensar no amor como um fenômeno de múltiplos níveis. O amor essencial é a fundação, o solo. A partir dessa base, diversas formas de amor expressado brotam e florescem em nossos relacionamentos e prática espiritual. Por exemplo, podemos sentir amor de pai e mãe, de irmão e irmã, amor romântico, amor de amigo, de devoção, de compaixão e assim por diante. Todos eles incluem alguma textura do amor essencial, o orvalho do amor essencial. Este é como os olhos do amor, enquanto o amor expressado é como o corpo, os braços e as pernas. Ou poderíamos dizer que o amor essencial é como a capacidade, ou o calor subjacente, enquanto o amor expressado é a manifestação, a cor e a forma das chamas, aquilo que vemos de fato.

As formas sadias do amor expressado dão sentido e contentamento à vida, e também são o suporte que ajuda a sobreviver quando a vida fica complicada. Essas formas de amor estão frequentemente acopladas ao apego, mas isso é normal. Talvez possamos imaginar um amor para além do apego, uma qualidade profunda e refinada de amor e compaixão sem viés. Isso significa que não estamos limitados a sentir amor e compaixão por pessoas ou grupos específicos, como família, amigos, "minha gente" ou vítimas. Podemos senti-lo por *qualquer um*, inclusive inimigos, estranhos e até agressores. É uma aspiração árdua, mas é algo que podemos treinar. A culminação desse amor e compaixão sem preconceitos é a *bodhicitta*, ou seja, a *generosidade ampla e universal*.

O amor pode aflorar com base em sentimentos ou no raciocínio. As duas formas são importantes e podem ser cultivadas. Temos necessidade de ambas, para avançar no caminho do amor e da compaixão sem vieses. Sem o sentimento, a razão pura pode se tornar seca, carecendo de calor humano e ternura. A simples repetição de frases e desejos de amor pode se tornar mecânica quando não nos sentimos conectados àquilo que dizemos. O sentimento puro, porém, sem o pensamento e a racionalidade, pode se tornar limitado e reativo, porque nossos sentimentos muitas vezes provêm de nossos padrões habituais. A racionalidade pode elevar o amor e a compaixão para além de suas raízes sentimentais, para algo ainda mais vasto. Por exemplo, sentimos um quê de afeição por nosso bicho de estimação, o que é belo, mas limitado por se dirigir somente a esse ser. Com treino, podemos usar o sentimento da afeição como base para expandir nosso amor, incluindo cada vez mais seres. *Por que não mereceriam todos os seres a mesma ternura que sinto pelo meu pet? Eles merecem!* Podemos reforçar nossa afeição e deixar nosso coração encher-se cada vez mais de compaixão.

Os obstáculos ao amor e à compaixão

Existem vários obstáculos emocionais ao amor e à compaixão, mas podemos condensá-los em três: apego, indiferença e aversão. O apego é delicado. O amor, muitas vezes, mistura-se ao apego. É uma palavra que pode causar confusão, porque a psicologia moderna a emprega no sentido de uma qualidade positiva; o *apego seguro* é importante durante a infância e depois dela. Os budistas concordam que o sentimento de segurança e amparo em nossas relações primordiais é muito importante para a criança, e na verdade para qualquer pessoa. No entanto, em geral usamos o termo *apego* em um sentido diferente. Usamos para apontar um tipo nocivo de fixação extrema, um padrão limitante e pegajoso: *Amo você porque você me pertence. Amo você porque você me faz feliz.*

Costuma ocorrer confusão em relação a esse tema, porque se pode supor que o bom budista tem que ser "desapegado", mas isso pode ser facilmente confundido com algum tipo de dormência indiferente, uma pessoa alheia, que simplesmente não se importa com as outras. Em minha opinião, trata-se de um grande equívoco. A prática budista completa e equilibrada deve nos levar a uma enorme atenção. Não apenas em relação a à família e aos amigos, mas a todos. Podemos desenvolver uma profunda coragem para constatar o sofrimento e abrir o coração para todos. Por isso, peço por favor que entendam a tradição e não achem que ser indiferente e não se importar seja um sinal de atitude ou feito espiritual. Não é. Isso significaria apenas estar indiferente e alheio, e que não foi feita a saudação com esses monstros bonitos — e você estaria usando essa incompreensão como desculpa. Por favor, não faça isso.

Dito isso, não devemos nos sentir tão mal caso nosso amor e compaixão estejam misturados ao apego, isso é completamente normal. Porém, é algo de que devemos estar conscientes. Podemos derramar carinho sobre nossos animais de estimação, sentir intensa afeição por eles, mas se alguém por acidente pisar no nosso pé, temos vontade de bater ou gritar com essa pessoa. Em geral, amamos quem nos ama, quem é gentil conosco, quem nos ajuda, quem nos faz sentir bem. Mas o apego pode fazer nosso amor e compaixão se corromper, virando preconceito. *Amo este tipo de pessoa, mas não aquele tipo. Sinto compaixão por ela, mas não por ele.* São sentimentos normais, porém limitadores. Embora seja maravilhoso sentir amor e compaixão por alguns seres, nosso mundo continua dividido entre aqueles a quem queremos bem e aqueles a quem não queremos, os amados e os não amados.

A indiferença é outro grande obstáculo, que pode se manifestar como um sentimento neutro em relação a estranhos ou até a conhecidos distantes. Podemos sentir que não importa muito o que acontecer com eles. Podemos até não lhes desejar o mal, mas tampouco nos importamos de verdade, porque não os conhecemos. Podemos pensar: *Já é difícil lidar com os relacionamentos complicados que eu tenho, imagine me preocupar também com todos os estranhos!* Mas esses seres são tão merecedores de nosso amor e compaixão quanto aqueles que conhecemos e com quem nos importamos. Todos esses seres também sofrem desnecessariamente.

Um dos maiores obstáculos a um sentimento amplo de amor ou compaixão é a simples aversão. Existem muitas formas de aversão: as mais leves, como a antipatia e a irritação, e as mais intensas, como a raiva, o ódio e a ira. Pode haver, é claro, muitos motivos para sentir essas emoções, e às vezes elas podem parecer justificadas (*Ele me fez mal!*), outras vezes mais aleatórias (*Eu simplesmente não gosto de quem fala alto. Ou de gente que usa roupas largas*). Se pensarmos nos comportamentos que não apreciamos, que nos irritam, ou que nos fizeram mal, geralmente assumimos uma premissa importante, conscientemente ou não: *Fizeram isso de propósito. Eles sabiam o que estavam fazendo. Tentaram me fazer mal ou me irritar. Eles vão ver só.*

Mas, se analisarmos essa premissa, ela começa a desmoronar. Se no nosso âmago queremos que os outros sejam felizes, não faz sentido que eles também tenham o mesmo desejo no âmago deles? Você pode responder: *O.k., então por que fizeram uma coisa tão estúpida e que magoa? Que outra explicação poderia haver para um comportamento tão incômodo?* Bem, por que *nós* fazemos coisas que *nós mesmos* lamentamos, atitudes que fazem mal aos outros? Pode ser um erro não intencional, um simples descuido, mas muitas vezes é porque somos dominados por uma emoção aflitiva e perdemos temporariamente o controle de nosso corpo, de nossa fala e de nossa mente. Não fomos nós exatamente que fizemos aquilo. Evidentemente, também não foram os outros. Aconteceu *quando estávamos dominados por uma emoção aflitiva.* Por que seria diferente com os outros?

Um poderoso antídoto contra a irritação, a raiva e o ódio é levar em conta que aqueles que nos fizeram mal ou se comportaram de uma forma que nos desagrada estão dominados por emoções aflitivas. Portanto, na verdade, a culpa não é exatamente deles, e sim das emoções aflitivas. Mas juntamos as duas coisas num bolo só. Além disso, nosso próprio preconceito e resistência pode se misturar à situação e desempenhar um papel importante na forma como reagimos e sentimos. Se já temos certa resistência ou queixa em relação a alguém, uma coisa bem pequena pode bastar para nos sentirmos magoados e reagirmos. A pessoa, suas emoções, seus atos e palavras, tudo parece juntar-se num bolo, e esse bolo é sentido como um bolo de raiva e mágoa!

Na verdade, porém, a pessoa, suas emoções, seus atos e sua natureza são dimensões diferentes. Assim como somos sobrepujados por nossas emoções aflitivas e agimos de maneiras que causam arrependimento, que podem fazer mal aos outros, o mesmo ocorre com eles. As pessoas, quando dominadas por emoções, são dignas de compaixão. Em geral, compreendemos essa ideia quando se trata de crianças. Quando uma criança tem uma crise, em geral conseguimos separar a criança de sua emoção e suas ações. Mas quando um adulto tem uma crise, esquecemos de fazer essa separação, acreditando que ele deveria se responsabilizar mais por suas emoções.

Chegar ao ponto de sentir compaixão genuína por todos os envolvidos em uma situação negativa — a vítima, os agressores, as testemunhas — é algo muito poderoso. Isso não quer dizer que perdemos nosso discernimento e deixamos de distinguir o certo do errado. Não deixamos de saber o que é virtude e o que não é. Não significa que nos tornamos excessivamente passivos e não protegemos aqueles que precisam de proteção. Quando o certo for intervir, devemos intervir e ajudar a proteger. Quando é preciso nos proteger de abuso e maus-tratos, também devemos fazer isso. Mas também é possível sentir compaixão por todos os envolvidos, e esse é um dom poderoso: não colocar na situação nossas próprias emoções negativas, como ódio ou vingança. Cultivar a compaixão por aqueles que nos desagradam ou que consideramos incômodos, e mesmo por aqueles que nos fizeram mal, propicia-nos uma poderosíssima oportunidade de transformação.

A distinção entre amor e compaixão

O amor e a compaixão são muito semelhantes, e temos necessidade de ambos. O amor é mais fácil que a compaixão, porque está focado na bondade, enquanto a compaixão exige a coragem de proteger do sofrimento. O amor é desejar o bem aos outros, querer que floresçam e que tenham bem-estar, alegria, saúde, sucesso, virtude e tudo aquilo que é desejável e bom.

A compaixão, por outro lado, foca no sofrimento espalhado pelo mundo e deseja aliviá-lo, tanto para si próprio quanto para os outros. A compaixão foca na segurança. A compaixão enxerga todo tipo de sofrimento: físico, mental, emocional, social e espiritual. A compaixão busca olhar para a velhice, a doença e a morte. A compaixão enxerga o medo, a ansiedade, a depressão, a solidão e assim por diante. A compaixão é uma das mais belas e profundas capacidades que possuímos. Em certo sentido, a compaixão é muito simples: deparamos direta ou indiretamente com o sofrimento e sentimos uma ânsia de aliviá-lo.

Ao cultivar a compaixão, porém, as coisas podem ficar mais complicadas. Quando olhamos para o sofrimento no mundo, ele pode parecer quase insuportável; podemos nos sentir esmagados, sentir que é simplesmente coisa demais para tolerar. Olhar para o sofrimento também pode provocar feridas e monstros bonitos em nossa mente, fazendo-nos sentir um peso, ou até depressão. Se formos constantemente expostos à dor e ao sofrimento, isso pode continuar nos puxando para baixo. Esse é um dos motivos que levam ao *burnout* muitos enfermeiros, médicos, terapeutas, assistentes sociais e outras pessoas em profissões de assistência. Por isso, é preciso misturar à compaixão um pouco de compreensão, para manter o equilíbrio.

Por exemplo, precisamos ter expectativas realistas em relação a nós mesmos. Fazemos o melhor possível, apesar da sensação de que precisamos fazer tudo. Não é sensato esperar que nós — ou qualquer outra pessoa — possamos ajudar além da nossa capacidade. Em outras palavras, não podemos dar mais do que temos. Apesar disso, se não usarmos a capacidade que possuímos, deixa de ser compaixão. Precisamos de um senso de equilíbrio entre aquilo que gostaríamos de fazer e aquilo que é realmente possível.

A sabedoria da compreensão da *impermanência* — que nada é sólido e imutável — pode ser útil para evitar ficar sobrecarregado e ser arrastado pela compaixão. Por piores que as coisas estejam, elas não são permanentes. Toda condição está fadada a transformar-se em outra coisa. A sabedoria de enxergar a *interdependência* também pode ser muito útil. Tudo é resultado de causas e condições; tudo depende de muitas outras coisas. Em um nível bastante básico, o que quer que aconteça é apenas uma ocorrência temporária que surge pela conjunção das causas e condições necessárias. Isso pode nos ajudar a fugir do jogo de apontar culpados, e da mentalidade de vítima.

A disposição para sofrer

Às vezes, hesito em falar sobre a compaixão genuína. Ela é muito preciosa, mas também há muitos impostores. Às vezes eu falo da "compaixão californiana" — gosto de provocar quem vive na Califórnia, por ser um lugar tão bonito. Vou contar uma história que pode ser inventada ou não. Certa noite, um importante pensador espiritual que vivia na Califórnia estava se preparando para ir dormir. Acendeu um incenso e fez alguns minutos de "meditação compassiva" antes de entrar debaixo de seus lençóis macios de algodão orgânico. Ele queria se sentir renovado e com boa aparência na manhã seguinte, no trabalho, por isso ansiava por um sono bom e reparador. Mas o telefone tocou. Uma amiga estava se sentindo mal e perguntou se ele podia levá-la ao hospital. Ele respirou fundo. Parte dele queria ser o tipo de pessoa que fazia isso, mas ele também queria dormir bem e sentir-se renovado pela manhã. O desejo de um bom descanso prevaleceu, e ele pediu desculpas, com uma voz apaziguadora, dizendo que não podia fazer aquilo, mas que ele realmente esperava que ela encontrasse alguém para levá-la e *desejava melhoras sinceras*.

Quando a ligação terminou, ele voltou para debaixo dos lençóis e tentou ir dormir, mas o sentimento de culpa voltava o tempo todo, e ele ficou "fritando" na cama por algum tempo. *Talvez eu devesse tê-la ajudado... Eu gostaria que meus amigos me ajudassem se estivesse doente... Quem sabe eu possa ir lá agora ver se ela está o.k....* Mesmo assim ele continuava sem vontade de se vestir, sair dirigindo à noite e encarar as luzes fortes do hospital. Depois de algum tempo, a culpa e os sentimentos conflitantes ficaram tão fortes que ele se levantou, colocou seu roupão macio de algodão orgânico e voltou para a confortável almofada de meditação. Inspirou e expirou profundamente, *enviando à amiga compaixão e energia curativa.* Depois de algum tempo ele se sentiu melhor e conseguiu cair no sono.

Embora a prática de respiração e as orações possam *parecer* compassivas, sua intenção era pacificar o próprio sentimento de culpa e conseguir dormir. Sua motivação era uma questão de seu próprio bem-estar. É essa a prática da "compaixão californiana".

Temos o direito de ter limites e de nos cuidarmos. Mas não se pode chamar o que ele fez de *ato de compaixão*. Não seria justo com os genuínos atos de compaixão. O que ele fez tem que ser chamado de *autocuidado* — ele cuidou de si. A diferença, no meu entender, é *estar disposto a sofrer.* Uma compaixão mais profunda envolve a disposição de passar por desconfortos, uma disposição para sofrer, a fim de beneficiar outros. Isso exige certo estômago; a coragem é uma questão importante em relação ao amor e à compaixão. É o que rompe com nossas crenças limitantes, padrões emocionais e medos. Em uma determinada situação, podemos sofrer ou não sofrer, mas a compaixão é a disposição para sofrer. O benefício alheio se torna mais importante que evitar o desconforto para nós mesmos. Isto é algo que a maioria dos pais e mães, sobretudo de crianças pequenas, expressa todos os dias. Mas também podemos treinar essa atitude e fortalecer essa semente dentro de nós.

A prática

Na prática da saudação, aprendemos a reparar a conexão entre nossa mente e o mundo sensorial. Um dos resultados dessa conexão é uma boa comunicação. Podemos tirar proveito dela para curar e nutrir nosso amor essencial. Mas também podemos usá-la para desenvolver nosso amor e compaixão. Quando existe uma boa conexão, podemos gerar um pensamento expansivo e compassivo que preencha nosso mundo sensorial e irradie-se para o exterior. Também podemos ter um sentimento e aprimorá-lo ou expandi-lo através do pensamento.

EXPERIMENTE POR UM BREVE PERÍODO: Sente-se confortavelmente e concentre-se em seu corpo e seu mundo sensorial. Tente conectar-se com o bem-estar básico do amor essencial. Agora, pense: *Como seria maravilhoso se todos os seres pudessem alcançar a felicidade, ter segurança, prosperar, obter aquilo a que aspiram!* Tente permitir que esse pensamento permeie seu mundo sensorial, e então envie-o para fora, em todas as direções, como aspiração.

O treinamento da mente

Na minha tradição, damos enorme valor à prática do *lojong*, que significa "treinamento da mente". É a hora em que arregaçamos as mangas e efetivamente desafiamos nosso ego, usando lógica e raciocínio, coragem e persistência. Afinal de contas, nosso ego, com sua visão bitolada e autocentrada, é o principal fator para que nosso amor e compaixão continuem ocultos, e para que, ao se expressar, escorreguem em vieses e preconceitos. Estamos nos referindo apenas ao "ego" comum, o senso autorreferente de "primeiro eu" que tende a um vaivém entre a autovalorização e a autodepreciação. O ego, em geral, valoriza as *minhas* necessidades, e as pessoas e coisas que eu considero "minhas", em detrimento daquelas consideradas "dos outros". Muitas vezes resumimos tamanho egocentrismo da seguinte forma: *de mim, por mim e para mim*. Gosto de encarar como uma espécie de música interior, que cantamos para nós mesmos a maior parte do dia: "Eu, eu, é tudo sobre mim...".

Existem vários tipos de treinamento da mente, mas três são particularmente benéficos para contrapor-se a esse egocentrismo. São eles: *equiparar o eu e o outro*; *intercambiar o eu e o outro*; e *estimar os outros mais que a si mesmo*. O primeiro, *equiparar o eu e o outro*, exige levar em conta a igualdade básica entre mim e os outros seres. Lembre-se: todos nós somos iguais na busca da felicidade e do não sofrimento. Não importa se somos velhos ou jovens, ricos ou pobres, instruídos ou não. Todas as nossas diferenças de gênero, raça, origem, orientação sexual, religião, nacionalidade e etnia são equiparadas nesse nível humano básico. Evidentemente, essas diferenças podem ser muito significativas em outros níveis, mas, apesar de toda a variedade de experiências, basicamente todos temos a mesma plataforma básica de existência — todos nós passamos pelo nascimento, pela velhice, pela doença e pela morte. Essas são as regras de base da vida — somos todos irmãos e irmãs no nascimento, na velhice, na doença e na morte.

EQUIPARANDO O EU E O OUTRO

Comece ficando em uma postura confortável e relaxando com consciência. Observe que você, no fundo de si, quer ser feliz e não quer sofrer. Agora observe que os outros, no fundo de si, querem ser felizes e não querem sofrer. Observe que, nesse aspecto, você e os outros são exatamente iguais. Permita que as diferenças, em nível superficial, se dissolvam no reconhecimento profundo da igualdade básica entre você e todos os seres. Pense que todos os seres têm o direito fundamental de ser felizes. Deixe-se encher de um senso de carinho e compaixão profundos por todos os seres, e estenda esse senso de dentro para fora, desejando-lhes o bem.

INTERCAMBIANDO O EU E O OUTRO

O segundo treinamento da mente é *intercambiar o eu e o outro*. É como imaginar que estamos caminhando por um quilômetro calçando os sapatos de outra pessoa. Você se coloca no lugar, na mente e na vida dela. Imagina seus sentimentos, pensamentos e dificuldades. Quanto mais a entende, mais "calça os sapatos" dela. Se ela lhe fez algo errado, você passa a entender seus problemas, a origem deles, por que está irritada. Fazendo bem essa prática, você quase se transforma na outra pessoa. Ao enxergar a situação dela, você contempla a interdependência e compreende cada vez mais as condições e motivações dela. Quanto mais compreender a situação dos outros, mais simpatia e empatia sentirá. Esse treinamento da mente também pode nos ajudar a superar e reduzir emoções como o orgulho e a inveja.

Quando não sentimos compaixão em uma situação, muitas vezes é porque não a compreendemos bem. Uma desvantagem de intercambiar o eu e o outro é que ficamos sem saber a quem culpar. A maioria das existências é cheia de sofrimento; é isso que leva as pessoas a agir mal. Podemos não concordar com seus atos, mas não precisamos odiá-las. Podemos sentir compaixão, sem que isso queira dizer, de modo algum, que concordamos com suas atitudes. Elas provêm da ignorância, mas a ignorância não ocorre por livre escolha — está fora do controle das pessoas. Se introjetarmos tudo isso, o ódio autêntico e concreto não aflora. Pode aflorar uma raiva passageira, mas não um ódio duradouro. Veremos que todo mal vem da ignorância.

> Primeiro, relaxe com consciência. Traga à mente uma pessoa em situação difícil. Coloque-se no lugar dessa pessoa. Imagine como você se sentiria. Imagine as dificuldades mentais, emocionais e físicas que você enfrentaria. Deixe-se banhar por uma compaixão e um carinho profundos. Estenda esses sentimentos, primeiro à pessoa e depois a todos os seres. Repita com várias pessoas diferentes, em muitas situações diferentes. É algo muito útil quando uma pessoa é particularmente complicada para você.

ESTIMANDO OS OUTROS MAIS QUE A SI MESMO

O terceiro treinamento da mente é chamado *estimar os outros mais que a si mesmo*. Ele exige observar quantos "outros" existem no mundo, e quantos "eu". Sem surpresa alguma, concluímos que existe um "eu", bilhões de outras pessoas, e incontáveis outros seres vivos. Em seguida, perguntamos: *O que é mais importante, a felicidade de um ser ou a felicidade de incontáveis seres?* Ficamos sentados, refletindo sobre isso, até nos enchermos de uma profunda preocupação com os outros, uma preocupação que vem de dentro. Isso ajuda a reduzir diversos tipos de egoísmo e autocentrismo.

> Comece relaxando com consciência. Reflita sobre quantos seres existem no mundo, humanos e animais, e quantos "você" existem. Pergunte-se: *O que é mais importante: a felicidade de um ser ou a felicidade de incontáveis seres?* Pense em todo o carinho e preocupação que você tem consigo. Imagine tudo isso projetando-se para fora, e não para dentro, a serviço de todos os seres.

Gratidão

Permita-se perceber o quanto seu corpo é o produto de outras pessoas. Você foi literalmente feito por outros. Cada refeição, cada copo de água, cada oportunidade que você teve e que lhe deu sustento, tudo tem origem na gentileza alheia. Observe que você não poderia existir ou sobreviver sem essas pessoas.

REFLITA: Como seria maravilhoso se eu pudesse retribuir a gentileza dos outros! Como seria maravilhoso se meu corpo, minha mente, minha energia e todo o meu esforço fossem benéficos aos outros! Que tudo que eu faça possa ser motivo de felicidade e libertação para outras pessoas!

A saudação e o amor expressado

Uma dúvida muito frequente é: *Se eu ainda tiver muitos monstros bonitos para apertar a mão, será que ainda assim eu consigo expressar compaixão — e tentar ajudar os outros?*

Sim! Com certeza, não há problema algum em fazer as duas coisas ao mesmo tempo. Desde que estejamos conscientes de nossos monstros bonitos e continuemos a tentar nos conectar com o amor essencial, dá para seguir ajudando os outros. Pode ser que um pouco mais de cautela e um pouco mais de atenção plena sejam necessárias, para evitar os efeitos colaterais (como a compaixão desencadear sensações de vazio, ódio ou vingança). Não é porque a estrada é boa ou ruim que deixamos de dirigir.

Só que, se ela for irregular e esburacada, é necessário um pouco mais de cuidado e atenção.

Essa prática se divide basicamente em duas partes: reconectar-se sempre que necessário com o amor essencial como um fundamento, e os treinamentos efetivos de amor e compaixão. O ideal é alternar entre essas meditações e reflexões, de modo que o amor essencial seja o fundamento de outras meditações. Sempre que você não puder conectar-se com o amor essencial, envolva-se com aquilo que aparecer, com a prática da saudação. Essas contemplações e meditações devem ser repetidas várias vezes.

Como anteriormente, fique em uma postura confortável, sentado ou deitado, com as costas eretas, e buscando o maior relaxamento possível. Comece fazendo o ato de soltar a consciência para dentro do corpo. Permita que a consciência incorporada estenda-se ao mundo sensorial por um curto período. Tente conectar-se com a sensação o.k. básica subjacente ao mundo sensorial. Tente perceber um calor sutil ou um bem-estar, por trás de qualquer coisa que esteja acontecendo na superfície do mundo sensorial. Se conseguir se conectar com o amor essencial, deixe-o permear todo o seu ser. Alimente essa conexão com o amor essencial. Caso não consiga se conectar, não se preocupe, aperte a mão do que vier. Retorne a isso várias vezes.

Em seguida, reflita sobre os seres próximos do seu coração

Fique em uma postura confortável, como antes, e relaxe na consciência. Traga à mente alguma pessoa ou animal por quem você sinta amor, carinho ou afeição. Deixe que esses sentimentos cresçam e preencham seu mundo sensorial. Agora, permita que a imagem desse ser se dissolva mas que o sentimento amoroso permaneça. Em seguida, tente estender esse sentimento a outros seres: primeiro, um círculo de seres próximos a você, e em seguida um círculo cada vez mais amplo com cada vez mais seres. Imagine como seria maravilhoso sentir um forte amor, compaixão e afeição por todos os seres da mesma forma que por esse ser específico.

Reflexão sobre seres neutros

Fique em uma postura confortável, como antes, e comece relaxando. Traga à mente algum ser estranho ou neutro, alguma pessoa ou animal por quem você não tenha nenhum sentimento específico, positivo ou negativo. Em seguida, tente gerar um senso profundo de carinho e preocupação por essa pessoa ou animal: *Que você possa ser feliz. Que possa estar em paz. Que possa estar em segurança. Que possa prosperar. Que todos os seus desejos se realizem.* Perceba qual a sensação de desejar com força o bem para um estranho ou um ser neutro. Em seguida, traga à mente a infinidade de estranhos e de seres neutros no mundo, e imagine como seria maravilhoso ter preocupação, carinho e compaixão profundos por todos eles.

Reflexão sobre seres complicados

Fique em uma postura confortável e relaxe com consciência. Traga à mente algum ser que seja complicado para você, alguém de quem não goste, um inimigo, ou alguém que o irrite. Tente levar em conta as dificuldades dessa pessoa, sua situação, seu sofrimento. Provavelmente ela quer ser uma boa pessoa e fazer o bem aos outros, mas acaba esmagada pelas próprias emoções aflitivas. Tente sentir preocupação e compaixão por ela. Deixe a compaixão e o carinho crescer e preencher seu mundo sensorial. Imagine como seria maravilhoso sentir esse carinho e compaixão por todos os seres difíceis do mundo.

DANIEL GOLEMAN: A CIÊNCIA

Minha esposa, Tara, e eu tivemos a sorte de passar algumas semanas com Tsoknyi Rinpoche e um de seus principais professores, Adeu Rinpoche. Estávamos na ilha de Putuoshan, aonde se chegava de balsa da China continental, não muito longe de Xangai.

Putuoshan, dizem os tibetanos, é onde vive a Nobre Tara, deusa da compaixão. Contaram-me que o nome do palácio Potala, em Lhasa, vem de Putuoshan. Para os chineses, é nessa ilha que fica a morada de Kuan Yin, outra versão de deusa da compaixão. Putuoshan é, há séculos, local de peregrinação.

Quando estávamos saindo do hotel para voltar para casa, fomos abordados por dois monges tibetanos, um deles mancava e tinha uma bengala rústica. Em uma das pernas, ele tinha uma horrível ferida purulenta, e precisava de dinheiro para pagar um cirurgião que a amputasse, para não morrer de infecção. O monge disse que precisava de algo em torno de 1500 yuans (a moeda chinesa), se me lembro bem, para bancar a cirurgia.

Sem pensar duas vezes, tirei 1200 yuans da carteira — quase todo o dinheiro que levava comigo — e dei a ele.

O olhar no rosto de Adeu Rinpoche me dizia que ele aprovava de todo coração aquele ato de caridade.

A memória traz à mente um momento com Anagarika Munindra, mestre na tradição tailandesa das florestas, que viveu em Bodh Gaya, na Índia, onde Buda teve sua iluminação. Munindra--ji pertencia à casta *barua*, de Bangladesh, grupo que afirma ser budista desde os tempos do Buda. Quando Munindra-ji viu meu filho, então com três anos de idade, dando dinheiro aos mendigos dali, disse: *Sadhu, sadhu, sadhu*, o que queria dizer que estava testemunhando um ato digno de louvor.

Fazer caridade assim, ele explicou, beneficia não apenas o recebedor, mas também o benfeitor, que demonstra sua generosidade. E a generosidade é um dos *paramitas*, as tão elogiadas qualidades nobres do caráter na tradição budista.

O amor, ou suas diversas contorções e deturpações, é central para grande parte da psicologia contemporânea, em especial a psicoterapia. O desenvolvimento da criança, por exemplo, é visto através da lente da "teoria do apego", que analisa padrões de segurança, ansiedade na relação ou evitamento emocional, moldados na infância em resposta à competência — ou à falta dela — do cuidador. Amar "bem", nesse sentido, significa conectar-se com a criança para prover suas necessidades físicas e emocionais. No fim das contas, esses padrões emocionais podem ser rastreados até a idade adulta, quando ressurgem nas relações amorosas.

Mas a ciência da psicologia tem pouco a dizer sobre os tipos de amor e compaixão que as práticas de Rinpoche nos ajudam a desenvolver. Foi apenas nos últimos anos, com o advento da psicologia positiva, que esse ramo da ciência começou a explorar a compaixão. Em um encontro Mind & Life [Mente & Vida] com cientistas, em 2003, o Dalai-Lama desafiou Richard Davidson a usar suas ferramentas de pesquisa neurológica para estudar a compaixão. Mas foi só em 2008 que Davidson conseguiu publicar um artigo científico com a palavra *compaixão* no título.[1]

Há muitos anos o Dalai-Lama vem instando os psicólogos a focar no amor sem apego. Ainda nos anos 1980, em uma conferência com psicoterapeutas, o Dalai-Lama ficou surpreso ao ouvir que um problema comum no Ocidente era o fato de as pessoas serem autocríticas a ponto de se autodepreciarem.[2] Em seu idioma e nos idiomas clássicos de sua tradição — o sânscrito e o páli —, a palavra *compaixão* refere-se também a si mesmo, enquanto em inglês refere-se apenas a outras pessoas. Ele disse que a língua inglesa precisava de uma nova palavra: *autocompaixão*. Isso ocorreu anos antes de a psicóloga americana Kristin Neff iniciar suas pesquisas sobre a autocompaixão.

Como descrevi em meu livro *Foco: A atenção e seu papel fundamental para o sucesso*, a compreensão científica daquilo que está por trás de nossos atos de compaixão começa com uma distinção crucial entre "empatia" e "compaixão". As pesquisas nos mostram que cada uma das três variantes da empatia se baseia em circuitos cerebrais próprios.[3]

A primeira e mais amplamente conhecida forma de empatia é a *cognitiva*, em que eu sei como você enxerga o mundo. Compreendo sua perspectiva, posso enxergar as coisas do seu ponto de vista, até mesmo conhecer a linguagem que você usa — em linguajar técnico, conheço seus "modelos mentais". Isso me permite usar palavras que você compreenderá melhor; a empatia cognitiva faz com que as comunicações avancem de forma mais suave.

O segundo tipo de empatia é a *emocional*: eu sei o que você está sentindo, porque eu também estou. Essa empatia ativa circuitos cerebrais que são o foco da neurociência afetiva, o estudo de como o cérebro recebe e reage às emoções do outro. Embora a empatia emocional possa criar uma relação intensa, também pode levar a uma "angústia empática", o sentimento de incômodo com a dor e o sofrimento alheios.

A angústia empática tornou-se um problema amplamente reconhecido em campos como a assistência em saúde, em que, por exemplo, enfermeiros encontram pacientes com dor, raiva ou no fim de suas faculdades mentais, e o enfermeiro também sente a angústia do paciente. Sentindo-se assim dia após dia, semana após semana, o enfermeiro pode chegar a uma exaustão emocional ou a um *burnout* e deixar a profissão. A perda de pessoal médico para a angústia empática tornou-se um importante dilema no mundo da assistência em saúde.

Uma forma de reduzir o estresse de ver o sofrimento alheio é virar a cara, seja realmente ignorando o outro ou criando uma distância psicológica. A primeira estratégia (fingir que não vê) é uma das experiências mais dolorosas relatadas pelos sem-teto, que dizem literalmente não ser vistos na rua. A segunda abordagem (o distanciamento emocional) assola profissões como a medicina, cujo pessoal lida com a angústia dos pacientes por meio de um distanciamento psicológico que leva a piadas e à indiferença, bloqueando o afeto.

Existem pesquisas sobre como a meditação altera nossa capacidade de sentir empatia. Estudos com meditadores de longo prazo, feitos no laboratório de ressonância magnética cerebral da Universidade de Wisconsin, mostraram que, ao ver imagens de pessoas em absoluto sofrimento — como uma vítima de incêndio que sofreu queimaduras —, a amígdala e os circuitos a ela relacionados acendiam-se mais do que nas pessoas que não eram meditadoras. Isso indica que seus próprios circuitos para o sofrimento ficaram sensibilizados, de modo que a empatia emocional ficou maior.

Nossa amígdala atua como um "detector de relevância", que nos faz prestar atenção àquilo que é urgente, aqui e agora, como outra pessoa em enorme sofrimento. Juntamente com a amígdala, outra área do cérebro, a ínsula, envia nossas mensagens aos órgãos do corpo, preparando-as para reagir a uma emergência.

Por isso, em vez de dar as costas para reduzir o próprio incômodo, os meditadores ficam, na verdade, mais propensos a ajudar. Esse fato foi evidenciado por uma série de estudos do

Instituto Max Planck, na Alemanha, em que Matthieu Ricard, um meditador experientíssimo, teve o cérebro escaneado ao ver retratos de pessoas em condições de grande sofrimento, como a tal vítima de queimaduras.

Quando foi pedido a Ricard que sentisse empatia por essas pessoas em sofrimento, seus próprios circuitos para a dor se acenderam. Mas quando, em seguida, pediram que as enxergasse com compaixão — que tivesse sentimentos afetuosos em relação ao sofrimento delas —, seu cérebro ativou circuitos para emoções positivas e o sentimento de proximidade do outro.

Essa capacidade de estar presente diante do sofrimento alheio parece ser um benefício duradouro da prática de meditação. Sete anos após participar de um retiro de três meses e depois olhar fotos de pessoas sofrendo, voluntários continuaram sendo mais capazes de testemunhar tal sofrimento em vez de dar as costas.

Com base nessa pista, pesquisadores do instituto recrutaram voluntários para, em um grupo, cultivar a compaixão em resposta ao sofrimento alheio; e, em outro grupo, simplesmente sentir empatia. Os grupos treinados tiveram padrões cerebrais similares — a empatia emocional aumentou o sentimento de angústia ao se deparar com o sofrimento, enquanto a compaixão reduziu esse sentimento.[4]

O poder da compaixão reside na terceira forma de empatia, que é chamada tecnicamente de *preocupação empática*. Esse tipo de empatia aciona circuitos cerebrais bem diferentes dos outros: os circuitos do cuidado, que compartilhamos com outros mamíferos — o amor de pai e mãe pelos filhos. São os circuitos ativados quando sentimos amor por alguém: um companheiro ou companheira, nossa família, nossos amigos.

Pense em uma mãe ou um pai cuidando de uma criança pequena fazendo birra. Em vez de se irritar como reação à ira da criança, um pai amoroso ou uma mãe amorosa pode estar presente diante do sofrimento, ao mesmo tempo que estabelece limites, de forma firme mas gentil. Essa combinação de presença com cuidado parece ser treinável, por meio de práticas que cultivem a compaixão. Esses circuitos vão se fortalecendo, mesmo que o treinamento da compaixão ocorra em sessões curtas.

Essa alta responsividade ao sofrimento alheio, somada ao carinho, também pode ser encontrada em um grupo incomum: pessoas que doam um rim para salvar a vida de um estranho. Ressonâncias cerebrais revelam que esses ícones da compaixão tendem a possuir uma região aumentada na amígdala, que parece torná-las mais sensíveis que os outros ao sofrimento alheio. A empatia parece levá-los a esse ato notável de altruísmo.

O cultivo da compaixão tem outras contrapartidas positivas além do aumento da empatia. Por exemplo, o laboratório Davidson, da Universidade do Wisconsin, dividiu os participantes aleatoriamente em dois grupos: um que refletia sobre a causa de seus problemas emocionais, e outro que praticava um exercício de compaixão. Posteriormente, em um teste de generosidade, o grupo da compaixão mostrou-se duas vezes mais generoso que o outro.[5]

Meras duas horas e meia de prática de compaixão on-line apresentam benefícios semelhantes. Na comparação com um grupo de voluntários que passou um tempo parecido fazendo séries de alongamento, aqueles que cultivaram a compaixão mostraram probabilidade bem maior de fazer doações a uma instituição de caridade.[6]

Esses benefícios parecem ser específicos do cultivo da compaixão, qualquer que seja sua forma, se comparados a outros tipos de meditação. Quando alguém faz uma meditação que aguça a metaconsciência de seus pensamentos e sentimentos, por exemplo, os circuitos relacionados a esse tipo de atenção se fortalecem, mas o altruísmo não. Moral da história: se você quer ser mais gentil e afetuoso, pratique a compaixão.

Há um bônus extra do sentimento de compaixão: a ativação dos circuitos da felicidade no cérebro, o que faz com que o compassivo se sinta bem. O Dalai-Lama costuma dizer: *O primeiro beneficiário da compaixão é aquele que a sente.*

Mesmo curtíssimos momentos de compaixão parecem turbinar seu senso de conexão com os outros. Da mesma forma, o cérebro começa a apresentar alterações neurais naqueles que praticaram métodos de compaixão por anos. Aparentemente, temos uma "preparação biológica" para o calor humano, parecida com a facilidade das crianças para aprender um idioma. Quanto mais longa a prática de cultivo da compaixão durante a vida, mais generosa e carinhosa a pessoa parece se tornar.[7]

Em muitos países asiáticos reverencia-se Kuan Yin, deusa da compaixão; no Tibete, a Nobre Tara seria o equivalente. Esse nome se traduz como "aquela que ouve e escuta o grito do mundo para trazer ajuda".

7. Calma e clareza

TSOKNYI RINPOCHE: A EXPLICAÇÃO

Muitos anos atrás, Danny me convidou para o chá da tarde em um hotel sofisticado de San Francisco. Eu tinha acabado de chegar da Índia. Quando entrei no hotel, ninguém me tratou como um estranho. De onde venho, as pessoas examinam as outras da cabeça aos pés, até mesmo os garçons. Durante alguns minutos, é um tanto incômodo. Todos olham para você. Em meu país, encarar diretamente as pessoas não é um problema. Você se senta, o garçom vem, anota seu pedido e vai embora. Ir embora quer dizer ir embora. Anota seu pedido e segue seu rumo. Ninguém mais vem atendê-lo. Quando você precisa de alguma coisa, precisa tomar a iniciativa, precisa gritar.

Em San Francisco não perguntaram muita coisa. Foram muito gentis e silenciosos, sem chamar a atenção, sem encarar. Quando fui me sentar, de repente um sujeito atrás de mim puxou a cadeira para mim. Fiquei olhando em volta, porque tudo aquilo era novidade para mim. Não vi nenhum garçom por perto — não havia nenhum dando sopa. Mas assim que olhei em volta havia alguém a postos: "O senhor precisa de alguma coisa?". A presença deles não era evidente, mas, de alguma forma, observavam de longe, plenamente cientes de nós. Essa foi a segunda surpresa.

Eu já estava curioso para saber como iam trazer a comida. Na Índia, a comida costuma vir de um jeito meio confuso, os garçons sempre esbarram uns nos outros. Pensei: *Como será que vão servir a comida?* Vieram três garçons, trazendo as bandejas com elegância. Cada um estava ciente da presença dos demais. Estavam tão atentos que pensei: *Puxa! Aprendi sobre a prática do mindfulness, mas é aqui que ela acontece concretamente.*

Os garçons demonstraram uma percepção panorâmica e uma atenção deliberada, ao mesmo tempo ampla e restrita. O *restrito* era quando colocavam a sopa exatamente onde ela devia estar na mesa; o *amplo* era que todos tinham consciência de que havia alguém atrás deles. Se tivessem apenas o restrito, serviriam corretamente a sopa, mas perderiam de vista o que estava ocorrendo atrás. Se tivessem apenas o amplo, estariam cientes de todo o entorno, mas não serviriam as coisas com precisão. Mas eles tinham as duas qualidades.

Podemos tirar proveito desse tipo de prática de uma maneira geral. Resolveria muitos problemas. Às vezes de fato esbarramos em coisas — mas na maioria das vezes esbarramos em situações e em outras pessoas. A atenção plena no cotidiano poderia ajudar com os problemas gerados pela falta de consciência.

A esta altura, já discutimos bastante o corpo e o mundo sensorial. Falamos do ato de soltar e do relaxamento para dentro do corpo, do estresse e da energia, dos sentimentos e emoções da saudação, e da conexão com nosso amor essencial intrínseco e nosso bem-estar básico. Agora é hora de falar da mente. A mente é, claro, o grande foco da meditação. Tradicionalmente, começamos por ela, mas eu gosto de começar com o corpo e ir caminhando do mundo sensorial para a mente.

Acho que isso diminui a tendência de ignorarmos ou pularmos nosso mundo sensorial e as emoções. Meu amigo John Welwood era um terapeuta que ensinava sobre o *bypass espiritual*, usando métodos como a meditação para evitar realidades emocionais dolorosas. O *bypass* pode levar a todo tipo de problemas espirituais, emocionais e sociais — e, de resto, não funciona. Por isso, os capítulos anteriores foram elaborados para nos ajudar na conexão com nossos corpos e mundos sensoriais de uma forma franca e fundamentada. Agora, vamos lidar com a nossa mente também.

Para trabalhar com a mente convém primeiro compreender um pouco nossa engrenagem mental. Em minha tradição, a mente pode ser descrita de várias formas — na verdade, existem milhares de páginas de categorias e descrições, algumas profundas e precisas, e algumas delas uso como referência em minhas aulas. Mas não acho que precisamos saber tudo isso para trabalhar com a mente. Precisamos apenas de um modelo prático para dar a partida.

As quatro expressões da mente

Embora existam muitos modelos da mente, o mais útil de todos, para mim, é um modelo simples, baseado em ideias tradicionais. Às vezes, o excesso de conceitos teóricos só atrapalha.

Basicamente, a mente se expressa de quatro formas diferentes: a *sapiência*, o *pensamento*, a *consciência* e a *clareza*. A *sapiência* é automática. Assim que aprendemos alguma coisa, automaticamente a sabemos: uma flor vermelha é ao mesmo tempo vermelha e flor. Na maior parte do tempo, não precisamos reaprender e reanalisar o mundo. Essa sapiência se dá de forma constante, subconsciente, por si só. Mesmo que estejamos focados em outra tarefa, quando um avião passa sobre nossa cabeça, automaticamente sabemos que é um avião; seu som está associado a um rótulo que já aprendemos.

O *pensamento* é direto: todos nós sabemos o que é um pensamento. Somos todos especialistas nisso; milhões de pensamentos vêm e vão por nossa mente todos os dias. Mas existe uma distinção importante entre o pensamento deliberado em relação a alguma coisa e o pensamento que surge espontaneamente. Às vezes, nos envolvemos ativamente em um pensamento deliberado: *pensamos em alguma coisa*. Outras vezes o pensamento simplesmente brota na mente. Na minha tradição, quando o pensamento brota, nós o encaramos como um objeto sensorial, tal como um som ou um odor.

É na *consciência* que as coisas vão ficando mais sutis. O mindfulness (ou atenção plena) provém da percepção, ele envolve certo esforço para perceber. Às vezes dou a ele o nome de *dupla sapiência*: sabemos que estamos sabendo alguma coisa. Sabemos da flor, mas também estamos cientes de que sabemos da flor. O mindfulness é quase o mesmo que a consciência, mas a consciência tem o potencial de ser íntima ou panorâmica. Todos nós temos consciência, mas ela nem sempre manifesta esse potencial. Por meio de um esforço deliberado, o mindfulness e a consciência se tornam uma coisa só. Neste capítulo, usaremos os dois termos como sinônimos, por conta de sua semelhança.

A *clareza* é uma qualidade singular de nossa mente, distinta de outros fenômenos. A clareza é como a substância básica da mente; é o material bruto que compõe a sapiência, o pensamento e a consciência. *Clareza*, aqui, não tem o sentido que costumamos atribuir a essa palavra: *Ela tem muita clareza* ou *O raciocínio deles tem muita clareza.* É, isto sim, algo mais fundamental, *o pano de fundo básico da mente* — uma qualidade que desperta. Quando examinamos o material bruto da própria mente, não encontramos algo obscuro e monótono. Há uma qualidade luminosa. É por conta da clareza que podemos vivenciar o torpor e a escuridão. Sem a clareza, não temos como vivenciar o torpor, a redução da clareza. Na minha tradição, o que define a mente é a singularidade da clareza. Outros fenômenos fora da mente não possuem essa clareza básica e luminosa.

Percepção atenta

A ferramenta básica desta prática é a *consciência atenta*. A consciência tem dois aspectos: a *consciência do outro* e a *consciência de si*. *Consciência do outro* significa estar ciente dos objetos, tanto as coisas tangíveis (como os objetos sensoriais), quanto as intangíveis (como os pensamentos e os estados mentais). *Consciência de si* significa conhecer suas próprias qualidades. Para mim, o propósito da prática de mindfulness é se tornar atento à consciência — de si.

Do contrário, até podemos ter consciência, mas não estarmos plenamente atentos a ela. Por exemplo, podemos ter óculos de leitura, mas, se não lembrarmos de colocá-los, de nada vai adiantar. Se não estivermos plenamente atentos à nossa consciência, não deixaremos de tê-la, mas ela de nada servirá. Sem a atenção plena, a consciência deixa de ser parte do nosso caminho, porque, embora esteja presente, não a utilizamos. Portanto, a atenção plena nos permite utilizar nossa consciência intrínseca.

Então, se a atenção plena é importante, o que exatamente ela é? E como podemos treiná-la? No mundo budista, a atenção plena é ensinada em todas as tradições. Existem várias descrições e várias definições. Na minha tradição, a atenção plena costuma ser descrita como *lembrar, perceber ou voltar a atenção para algo repetidamente*. De certa forma, é bem simples. O carpinteiro tem atenção plena na madeira e na serra. O cozinheiro, ao preparar uma refeição, tem atenção plena na temperatura, no sabor, na textura, no tempo e assim por diante. Usamos a atenção plena de forma natural, o tempo todo, ao fazer isto e aquilo. Mas e quando não estamos realizando nenhuma tarefa?

Em outras palavras, como é a atenção plena, isoladamente? E como podemos treiná-la? Tradicionalmente, podemos nos referir aos *quatro fundamentos da atenção plena: atenção plena ao corpo, às sensações, à mente e às formações mentais*, como os pensamentos e as imagens. São esses os domínios onde podemos estabelecer a atenção plena. Atenção plena significa treinar a mente para uma atenção simples e sem distrações. Podemos começar com qualquer coisa — o movimento da nossa perna ao caminhar, por exemplo — e ir em um crescendo até incluir tudo aquilo que vivenciamos. Em linguagem simples, com a atenção plena nos tornamos cada vez mais presentes, cada vez mais cientes do que está acontecendo dentro de nós e à nossa volta. O hábito novo da atenção plena substitui aos poucos o hábito antigo de se deixar distrair ou isolar, perdendo-se em pensamentos sobre o passado e o futuro.

Os pensamentos e as emoções podem ser problemáticos, e a atenção plena ajuda muito a criar um espaço em torno e dentro deles. Se você sabe que está com raiva, está plenamente atento à raiva. Usando um exemplo do meu irmão, Mingyur Rinpoche, se você está vendo o rio, é porque não está se afogando nele. Dito de outra forma, quando você está ciente de que está distraído, é porque não está mais distraído. Com o tempo podemos nos tornar plenamente atentos à consciência, e nessa hora atenção plena e consciência se tornam inseparáveis. Então, nossa prática passa a ocorrer quase no piloto automático. De vez em quando, podemos continuar precisando do mindfulness como "botão de ligar", e aí a consciência assume. Nessa altura, não precisamos mais recorrer ao mindfulness, porque o trabalho da atenção plena será executado pela consciência.

Quando alcançamos a consciência dessa forma, ficamos muito mais relaxados. Nossa mente se torna mais panorâmica e mais inclusiva. Normalmente, a atenção plena é mais restrita, com o foco mais orientado, voltado para um determinado objeto (até mesmo um pensamento pode ser objeto dessa atenção plena). Mas precisamos começar pela atenção plena. À medida que progredimos rumo à consciência, seu foco vai ficando menos restrito, menos direcionado ao objeto. O ponto culminante desse processo é a vivência crescente da *abertura lúcida não confinada*. O treinamento parte do restrito e depois se dissolve no amplo. Elementos do restrito, como a precisão, continuam a existir, juntamente com o amplo. Uma coisa que percebi, ao lecionar no Ocidente, é que, quando as pessoas alcançam essa amplitude, podem pensar que perderam a atenção plena. Então, elas saem do amplo e voltam ao restrito de novo. Por isso, precisamos saber que *para além da atenção plena...* há a consciência.

O pastor, as ovelhas e a corda

Muitos meditadores da minha tradição têm sua origem nos povos nômades do Tibete, muitos são pastores, caubóis dos altiplanos. Por isso, gostam muito de metáforas relacionadas a rebanhos. A prática da *consciência com atenção plena* é descrita usando um exemplo antigo, das ovelhas amarradas em um tronco por uma corda, vigiadas pelo pastor. Nossa mente é como as ovelhas. A atenção plena é como a corda. A consciência é como o pastor. Assim como as ovelhas, nossa mente às vezes permanece serena, e às vezes fica inquieta e divaga. A corda é uma forma direta de prendê-la a um lugar. A atenção plena à respiração, às sensações e assim por diante é como uma corda que prende nossa mente a um suporte, colocando um limite de até onde pode se deslocar. O ponto de vista do pastor é mais panorâmico, vigiando a situação como um todo, mas sem um foco restrito no movimento específico de uma ovelha específica. A consciência é panorâmica, monitorando a situação como um todo de uma forma relaxada e aberta.

Depois de estabelecer um hábito de consciência com atenção plena, o passo seguinte é *assentar-se e focar* — o que às vezes é chamado de *permanência calma*, ou *repouso em tranquilidade imperturbada*. Esse estágio, conhecido como *shamata* em sânscrito (e *shiney* em tibetano), é uma prática disseminada e apreciada em todas as tradições budistas. Existem, aqui, dois métodos essenciais: *foco com um objeto* e *foco sem um objeto*. O objetivo de ambas é ficar *calmo, claro, imperturbável e flexível*. Essa prática usa o mindfulness para o tempo todo trazer a atenção de volta ao objeto (por exemplo, sua respiração), até que sua mente se assente de forma cada vez mais unifocal. Isso exige tempo e paciência, porque não estamos acostumados a esse tipo de foco relaxado.

Com as práticas corporais e de base sensorial vistas até aqui, temos uma abordagem muito aberta e acolhedora diante de qualquer acontecimento. Com a *shamata*, estamos aprendendo a dizer *sim* e *não* a aspectos bastante diferentes da nossa experiência. Estamos estabelecendo uma *visão*, mantendo a consciência. Em certo sentido, estamos dizendo *não* à distração, e *sim* a assentar-se e focar. Escolhemos o tempo todo nosso objeto, em detrimento de qualquer outro objeto possível com que a mente possa se envolver.

O agora

Assentar-se sem um objeto é mais sutil. Não dispomos nem mesmo de um objeto como âncora, e nos assentamos com um senso de agora, deixando acontecer o que acontecer, permanecendo cientes o tempo todo do momento presente, sem nos deixarmos distrair.

A *visão* ou *perspectiva* aqui cultivada é um *agora claro e livre de pensamentos*. É *claro* porque a clareza fundamental da mente é reconhecida e apoiada. É *livre de pensamentos* porque a prática não é um ato deliberado de reflexão e pensamento ativo em relação a algo. Um ponto crucial é que, aqui, *livre de pensamentos* não quer dizer que não vai aflorar nenhum pensamento, de nenhuma espécie. Quer dizer que *a prática, em si, não é um ato de pensamento*.

Os pensamentos podem aflorar e desaparecer naturalmente, como sons ou nuvens no céu ou bolhas na superfície da água. Mas a visão que estamos cultivando não é um pensamento discursivo. É apenas a consciência naturalmente clara, livre de pensamentos, do agora. Os pensamentos podem (e vão) surgir e se dissolver,

153

como parte do agora. Podemos apoiar essa visão com ou sem um objeto focal.

Lembre-se de que não há absolutamente nada de errado em se distrair com frequência quando começamos a trabalhar a mente dessa forma. Não é preciso sofrer quando nos distraímos, apenas trazer com calma a mente de volta ao objeto. Não precisamos nos julgar; não precisamos terminar nenhum desses pensamentos. Assim que percebemos que nos distraímos, já estamos de novo plenamente atentos, e assim podemos simplesmente trazer a mente de volta. Não precisamos acreditar em pensamentos como: *Eu sou um mau meditador. Talvez outras pessoas consigam fazer isso, mas eu simplesmente não consigo.* São pensamentos normais, mas não são verdadeiros. Se surgirem julgamentos, sentimento de fracasso ou vontade de desistir, experimente apertar-lhes a mão. Não há problema em alternar as práticas da saudação e do assentamento. Podemos ter que trazer a mente de volta centenas de milhares de vezes. Estamos criando um hábito novo — ele exige dedicação, paciência e repetição.

Pode ser que, no começo, só consigamos ficar com o objeto por um ou dois segundos. Isso é normal. Aos poucos, a capacidade de não se distrair vai ficando cada vez mais longa. Em algum momento, nos aproximamos do foco único, também chamado de *unificação*. É um treinamento que tem vários efeitos benéficos, como foco e serenidade. Outro resultado é a *flexibilidade*, que significa que a mente não está mais sob o jugo de quaisquer pensamentos, sensações e percepções que venham a ocorrer. Ela encontrou sua independência e estabilidade; não está mais dominada por outros fatores. Quando queremos fixar nossa mente em algo, conseguimos. Quando queremos mudar para alguma outra coisa e ficar ali, também conseguimos. Nossa mente selvagem foi domada.

Obstáculos

Os maiores obstáculos a assentar-se e focar são a *agitação* e a *apatia*. A agitação ocorre quando a mente está muito energizada. É uma sensação indômita e irritadiça, e que se move por todo o espaço. É cheia de pensamentos, que miram no passado e no futuro, criando uma necessidade de pular do sofá e fazer mil coisas. Isto é muito comum. Muitos de nós vivemos vidas agitadas, cheias de estímulos. Nossa mente normalizou isso, e quando nos sentamos para assistir à nossa respiração e relaxar, a mente não se acalma com facilidade.

O obstáculo oposto é a apatia, quando a mente tem pouca energia. Sente-se lenta e entorpecida, como se uma pesada camada de névoa mental se tivesse instalado. Queremos cair no sono ou nos anestesiar assistindo à TV. A apatia também é muito comum. Depois de submetidos a forte estímulo e estresse, quando nos sentamos e tentamos nos assentar e focar, a mente tem um resíduo de cansaço que se manifesta como apatia e torpor.

Os estágios da experiência por que passamos neste treinamento são descritos usando a metáfora de um curso de água que desce a montanha em cascata e por fim deságua em um lago. Primeiro, há a cachoeira na montanha, depois uma corrente que flui, depois um rio calmo e sinuoso, e por fim um lago tranquilo. Esses estágios refletem como a mente vivencia o fluxo de pensamento durante nosso treinamento. Quando começamos a praticar o mindfulness, pode parecer que a agitação da mente aumentou. Parece haver um massacre constante e esmagador de pensamentos. É o que chamamos de *experiência da cachoeira*. Podemos pensar: *Minha mente não era tão agitada e descontrolada assim antes de começar a meditar. Não é possível!* Na verdade, não piorou, apenas nos tornamos conscientes do que já estava ali. A experiência da cachoeira é um bom sinal: significa que estamos efetivamente começando a trabalhar com a mente.

Depois de algum tempo, a intensidade dos pensamentos começa a serenar um pouco. Eles continuam bastante agitados, mas de forma menos esmagadora. Podemos começar a vivenciar um pouco de espaço em alguns momentos. É o que chamamos de *experiência da corrente que flui*. Se continuarmos a trabalhar nossa mente, ela continuará a se acalmar, a desacelerar, e cada vez mais espaço se fará presente entre um pensamento e outro. É o que chamamos de *experiência do rio sinuoso*. A essa altura, a mente se tornou bastante calma. Se continuarmos treinando, em algum momento os pensamentos vão de fato desacelerar bastante, e teremos experiências duradouras de serenidade: um agora claro e livre de pensamentos. É o que chamamos de *experiência do lago tranquilo*, vista como o começo do foco único, ou unificação. Embora nem todos tenham essa experiência, as pessoas que treinarem a mente de forma dedicada e persistente poderão vivenciar esse grau de tranquilidade.

Algumas dicas práticas

Essencialmente, estamos estabelecendo o hábito de ficarmos *calmos e claros*. Outra forma de dizer isso é que estamos aprendendo a ficar *relaxados e atentos* ao mesmo tempo. Normalmente, quando começamos a relaxar, caímos na apatia — como ao nos afundarmos no sofá com o controle remoto, ou ficarmos sentados na praia cochilando. Quando estamos atentos, muitas vezes nos sentimos um pouco tensos, agitados ou ansiosos. É raro ficarmos relaxados e atentos ao mesmo tempo. Talvez nem saibamos que isso é possível. Formar esse hábito novo exige paciência. Um ponto-chave do treinamento é manter em mente: *pouco tempo, muitas vezes*. Quando encontramos essa qualidade de ficarmos calmos e claros, relaxados e atentos, em geral ela não dura muito. *Precisamos de qualidade, não apenas de quantidade.* Muita gente imagina que um "bom meditador" tem que ficar sentado, em absoluta paz, por longos períodos. Mas o treinamento, na verdade, não é assim. Quando tentamos meditar por longos períodos, em geral, rapidamente nos perdemos em distrações e monotonia. É muito mais eficaz praticar a percepção atenta do zero, por períodos curtos de maior qualidade. Por exemplo, em sessões de vinte a trinta minutos, costuma ser mais eficaz realizar várias sessões de três a cinco minutos, com um intervalo curto de aproximadamente um minuto entre elas. A capacidade de se manter renovado vai aumentar com o tempo, de forma lenta e orgânica. Isso acontece com a repetição e o costume, e não com força de vontade.

Outro ponto importante é manter o equilíbrio, *nem muito tenso nem muito relaxado*. Quando ficamos muito tensos, perdemos o relaxamento e a serenidade. Quando relaxamos demais, acabamos recaindo na distração. É como afinar um violão. Para ter o som ideal, as cordas têm que ser afinadas na medida certa — nem muito tensas, nem muito frouxas. É uma coisa que perceberemos sozinhos, com o passar do tempo. É preciso ajustar a prática muitas e muitas vezes para encontrar esse equilíbrio natural.

Quando você sustenta a consciência com atenção plena, a agitação e a apatia definitivamente vão aparecer de tempos em tempos. Não se trata de um fracasso, isso pode acontecer com qualquer meditador. Quando ocorrer a agitação, você pode tentar as soluções a seguir e ver quais funcionam para você. É possível, por exemplo, relaxar o corpo e baixar o olhar. Se o cômodo estiver muito iluminado, tente apagar algumas luzes ou fechar cortinas e persianas. Outra opção é tentar enrolar as pernas, ou o corpo inteiro, em uma manta ou lençol. Você também pode fazer um breve intervalo, se alongar suavemente, inclinando o corpo para a frente, por exemplo, ou reiniciar a prática.

    Caso sinta apatia, você pode sentar-se em uma posição um pouco mais ereta, abrir os olhos e erguer o olhar. Pode tirar um pouco da roupa, abrir a janela para entrar ar fresco ou acender mais luzes, se possível. Também pode fazer um breve intervalo, ficar de pé e mexer o corpo, talvez fazer uma caminhada de alguns minutos, e depois tentar meditar de novo.

A prática: o treinamento do mindfulness

Mindfulness do corpo

Encontre uma postura confortável (no chão, numa cadeira, deitado), com a coluna ereta, mas o corpo solto e relaxado. Comece apenas relaxando a mente e estando presente por alguns instantes. Pratique o ato de soltar a consciência, corpo adentro, e a simples permanência no corpo, por alguns minutos. Sinta a fundamentação do corpo, sua aparente solidez. Quando sentir algum grau de enraizamento no corpo, de maneira calma e relaxada, deixe sua consciência notar a clareza natural da mente. Tente manter essa fundamentação no corpo, tendo ao mesmo tempo a consciência da clareza. Você pode ficar de olhos abertos ou fechados. Tente perceber o estado de calma e clareza, relaxamento e atenção ao mesmo tempo. Sempre que perceber que sua mente derivou para uma distração, permita que a atenção plena retorne docemente à fundamentação do corpo. Ajuste sua atenção plena caso sinta que sua serenidade está muito apática, ou que sua clareza está muito agitada. Use o princípio do *pouco tempo, muitas vezes*.

Mindfulness das sensações e sentimentos

Comece da mesma forma que a proposta anterior, fazendo o ato de soltar o corpo adentro e relaxando por um curto período. Permita que a consciência com atenção plena abarque o mundo das sensações e dos sentimentos. Isso pode incluir sensações de calor e frio, entre outras, e sentimentos de tensão, relaxamento, empolgação e assim por diante. A ideia não é buscar uma sensação ou sentimento específico, mas apenas estar ciente e atento àquilo que estiver acontecendo. Enquanto continua a relaxar e a assentar-se nas sensações e sentimentos, perceba a clareza natural que lhe permite vivenciar o mundo sensorial. Deixe a consciência com atenção plena ser relaxada e alerta ao mesmo tempo. Quando a mente divagar e distrair-se, use a atenção plena das sensações e sentimentos para trazê-la suavemente de volta. Uma vez mais, use o princípio do *pouco tempo, muitas vezes*.

Mindfulness dos pensamentos e emoções

Uma vez mais, comece fazendo o ato de soltar o corpo adentro e relaxando por um curto período. Em seguida, deixe a consciência com atenção plena notar a ida e vinda dos pensamentos e emoções. Em geral, eles nos transportarão para toda uma série de pensamentos e reações secundárias. Tente permanecer renovado e presente junto aos pensamentos à medida que afloram, mas sem se envolver. Observar os pensamentos e emoções sem se deixar sugar por eles é um equilíbrio delicado. Eles simplesmente vão e vêm, e permanecemos cientes deles, sem reagir. Sempre que a mente se distrair, use a atenção plena para trazê-la suavemente de volta. Tente ser simples — esteja somente ciente dos pensamentos e emoções no momento presente, por períodos curtos. Caso surjam julgamentos ou reações fortes, "grudentas" a ponto de interferir com a prática, faça a saudação por um período.

Pratique a saudação, deixando abertos os juízos e reações, aceitando a consciência, sem resistir, suprimir, transigir ou ignorar. Apenas fique por um tempo com as emoções e reações, sem qualquer intenção. Alternar a prática da saudação com a prática de mindfulness pode ser muito útil.

À medida que nossa consciência com atenção plena vai se fortalecendo, os pensamentos e as emoções podem auxiliar nossa prática, em vez de dificultá-la. No começo, é comum acharmos que uma "boa" meditação é simplesmente serena, isenta de pensamentos e emoções incômodos. Com o passar do tempo, porém, vamos nos dando conta de que esse conceito de serenidade tem seus limites. Chegamos à conclusão de que os pensamentos e as emoções são como nuvens que atravessam o céu da consciência, e é a resistência a eles que perturba a mente. Uma serenidade mais profunda, que não fica incomodada com a presença ou ausência de pensamentos ou emoções, pode ser encontrada no céu da consciência. A essa altura, apresentam-se como um auxílio — não nos incomodam e podemos aprender com eles.

Como assentar-se e focar

Comece fazendo o ato de soltar o corpo adentro e relaxando por um breve instante. Deixe a consciência com atenção plena assentar-se na respiração. Comece inspirando longa e profundamente, e expirando longa e profundamente, apenas para limpar as vias aéreas. Em seguida, respire de forma normal e natural, sem controlar a respiração. Acompanhe o ar ao longo de toda a respiração, desde fora do corpo, passando pelas narinas, traqueia abaixo, até os pulmões. Sinta as sensações da respiração pelo caminho inteiro. Perceba como o corpo se sente quando os pulmões estão totalmente cheios. Siga a respiração de dentro para fora, desde os pulmões, passando pela traqueia, saindo pelas narinas e daí para o espaço externo. Perceba como o corpo se sente quando os pulmões estão totalmente vazios. Deixe a consciência com atenção plena relaxada, enquanto acompanha o ar que entra e sai do corpo. Tente permanecer em equilíbrio — nem excesso de tensão, nem excesso de relaxamento. Deixe a atenção plena acompanhar a respiração, enquanto a consciência se volta para a mente, assentando-se na calma e na clareza, relaxada e alerta. Use o princípio do *pouco tempo, muitas vezes*.

Como assentar-se sem apoio

Comece da mesma forma que a proposta anterior, fazendo o ato de soltar o corpo adentro e relaxando por um breve instante. Conecte-se com a serenidade e o relaxamento da consciência. Em seguida, abra os olhos lentamente e perceba a clareza natural da mente. Deixe seu olhar ser doce e aberto, sem fixar ou focar nenhum objeto no seu campo visual. Tente assentar-se no agora, no momento presente. Diversas sensações, pensamentos e percepções vêm e vão. Simplesmente esteja ciente dessas idas e vindas, sem se envolver, sem reagir. Deixe essas impressões em transformação serem como nuvens passando pelo céu. Tente estabelecer uma visão do agora clara e livre de pensamentos. No começo, vai durar apenas alguns instantes, antes que a mente se distraia. Ao perceber que se distraiu, apenas traga suavemente a mente de volta ao agora. Nesta prática, o frescor é particularmente importante. Abrace a ideia do *pouco tempo, várias vezes.* Basta ser simples — com calma e clareza, relaxamento e alerta, presente no agora. Perceba a qualidade panorâmica da consciência — a abertura, com relaxamento, a clareza, a acomodação natural.

DANIEL GOLEMAN: A CIÊNCIA

Faço meditação há muitos anos, e minha expectativa era que, com o passar do tempo, cada vez menos pensamentos se intrometessem em minha prática. Mas os pensamentos nunca pararam de vir à minha mente.

Lá estavam eles, o tempo todo. *Talvez eu simplesmente não saiba fazer isso*, pensei. Vinha, então, um momento de atenção plena, e logo depois: *Caramba! Outro pensamento!*

Foi aí que comecei a estudar a tradição meditativa praticada por Tsoknyi Rinpoche, o que me fez lembrar que o importante não são os pensamentos em si, mas nossa *relação* com eles. Durante a atenção plena, podemos permitir que os pensamentos passem sem nos deixarmos arrastar por eles.

Uma das coisas que mais me ajudaram a mudar minha forma de enxergar os pensamentos foi essa fala de Tsoknyi Rinpoche: *Fique de olho na atenção plena!*

Esse conselho é um verso de um poema espontâneo do patriarca de sua linhagem, o primeiro a usar o nome de Tsoknyi Rinpoche. Percebi que esse conselho se aplica desde o início da minha prática de meditação, décadas atrás, até hoje.

Quando comecei a meditar, ainda na época da faculdade, usava um mantra como foco da minha prática. Inevitavelmente, minha mente divagava na direção de um ou outro fio de pensamentos, até que eu percebia que estava divagando e trazia meu foco de volta ao mantra. Cada vez que eu percebia que minha mente havia divagado equivalia a um momento de atenção plena. Esse tipo de atenção plena era um aparte, uma ajuda para manter o foco único no mantra.

Depois, quando aprendi meditação de insight da tradição teravada, a atenção plena era uma parte ostensiva da minha prática. Continuei observando minha respiração, do mesmo jeito, enquanto focava no mantra, e, quando minha mente divagava — e eu percebia que ela havia divagado —, trazia minha atenção de volta à respiração. No início, essa era a instrução principal. E, da mesma forma, era um momento de atenção plena.

Em um estágio posterior, a orientação era deixar qualquer pensamento ou sentimento ir e vir sem me deixar arrastar por ele. Aqui, a atenção plena estava vigilante, para perceber os momentos em que minha mente fosse arrastada por algum fluxo de pensamento.

Mais adiante ainda, passei a praticar o estilo tibetano, primeiro com o pai de Tsoknyi, Tulku Urgyen Rinpoche, e, após seu falecimento, com seus filhos Chokyi Nyima, Chokling, Mingyur (todos eles Rinpoches) e, é claro, Tsoknyi Rinpoche. Dessa vez, o mindfulness se transformou em algo um pouco diferente. Em vez de fazer um esforço a mais para ter a atenção plena, essa varredura mental surge do repouso na própria consciência em si.

As descobertas científicas sobre cada uma dessas práticas de meditação continuam bastante robustas, mas eram incipientes nos anos 1970, quando comecei a pesquisar como a meditação ajuda na recuperação do estresse. Hoje em dia são mais de mil artigos publicados a cada ano com revisão de pares sobre meditação em geral (e mindfulness, especificamente). Recentemente, escrevi com meu velho amigo, o neurocientista Richard Davidson, da Universidade do Wisconsin, um livro resumindo o melhor dessas pesquisas.[1]

Concluímos que a atenção plena à respiração parece ser o método mais estudado pelos pesquisadores. Estudos sólidos comprovaram uma longa série de benefícios desse método simples, sintonizando-se com o fluxo natural da inspiração e expiração, apenas observando as sensações e sem tentar de modo algum controlar a respiração.

As conclusões mais robustas, replicadas várias vezes e de várias formas diferentes por estudos científicos, mostram que a simples observação da própria respiração, deixando outros pensamentos irem e virem (sobretudo *irem*), tem um efeito profundamente relaxante. No mundo tibetano, esses métodos são conhecidos como *shamata* ou *shiney*: eles o acalmam.

Agora, a ciência está comprovando esse benefício calmante. Gente que pratica a simples atenção plena à respiração, por exemplo, fica mais relaxada na vida cotidiana e se recupera mais rapidamente de reveses que os não meditadores. Esse método parece acalmar a amígdala, e por isso entramos menos vezes no estado de luta ou fuga.

E quanto mais tempo, ao longo dos anos, você praticar esse método de atenção plena, menos reativo vai se tornando. Eventos perturbadores deixam você em estado de incômodo com menor frequência. Caso ele seja desencadeado, seu incômodo é menos potente. E — talvez esse seja o maior benefício calmante — você se recupera mais rapidamente do que antes. Na ciência psicológica, a velocidade com que você se recupera do incômodo à calma é a definição de *resiliência*: quanto mais rápida a recuperação, mais resiliente você é.

Existem outros benefícios da capacidade de manter o foco na respiração com atenção plena. Por exemplo, uma pesquisa da Universidade Stanford concluiu que, quando uma pessoa está focada em um projeto importante e precisa parar para responder um e-mail ou uma mensagem de texto, e fica navegando na internet, ao retornar finalmente ao projeto importante, o foco diminuiu. É necessário um certo tempo para que a concentração atinja o patamar anterior. A menos que você tenha feito dez minutos de atenção plena à sua respiração algumas vezes naquele dia — nesse caso, você perde pouca ou nenhuma concentração mesmo estando no modo "multitarefa".

Outro bônus foi descoberto na Universidade da Califórnia em Santa Bárbara, onde se designou aleatoriamente um grupo de estudantes para aprender a atenção plena à respiração. Os alunos de último ano tiveram notas consideravelmente melhores no vestibular, na comparação com um grupo de controle. A prática de mindfulness parece ter melhorado a memória de trabalho, a parte da memória crucial para reter aquilo que se aprende durante os estudos.

Por outro lado, dou um conselho a partir de minha própria experiência àqueles que estão iniciando esse tipo de prática de meditação: ao começar a meditar, muitos reclamam que a mente divaga o tempo todo; alguns chegam a concluir que são incapazes de realizar essa prática por terem a mente rebelde demais. Foi o que aconteceu comigo.

Na verdade, esse pode ser um bom sinal: quando começamos a prestar atenção nas idas e vindas da nossa mente — isto é, quando começamos a ter atenção plena — é que vemos como ela tem uma tendência normal a se distrair. É um primeiro passo para ter uma atenção mais plena e domar a mente que divaga. Uma das chaves é lembrar-se de deixar os pensamentos que afloram partirem, em vez de seguir um fio de associações.

Outro benefício da meditação, uma maior clareza, foi descoberto em um grupo que meditou por seis ou mais horas diárias em um retiro de três meses. Eles praticaram a atenção plena à respiração (além de cultivar estados como a bondade amorosa e a equanimidade). Em vários momentos, durante o retiro e depois dele, foram submetidos a um teste em que, numa sucessão velocíssima, viam linhas de diferentes comprimentos. A tarefa: apertar um botão sempre que vissem uma linha mais curta que as outras (aproximadamente uma em cada dez era mais curta).[2]

O desafio era refrear o próprio impulso reflexivo de apertar o botão da linha curta quando aparecia uma linha comprida. À medida que o retiro avançava, os meditadores foram ficando cada vez melhores nessa inibição de um impulso aparentemente banal. E essa resistência ao desejo de apertar o botão foi acompanhada pela percepção de menos ansiedade, maior bem-estar geral e recuperação mais rápida das decepções. O mais revelador, talvez, é que esses benefícios duraram meses após o encerramento do retiro.

Existe, aqui, uma dinâmica de "reação à dose": quanto mais se pratica, maiores os benefícios. Isto foi cientificamente demonstrado de várias maneiras. Por exemplo, meditadores experientes que utilizam a técnica vipassana, ou de insight, fizeram um dia inteiro de meditação e, no dia seguinte, passaram por um exame de estresse em laboratório. Submetidos a estresse, os meditadores apresentaram um aumento menor do cortisol, hormônio-chave do estresse, em relação a um grupo controle, que não meditava.[3]

E quando esses mesmos meditadores veteranos passaram por uma ressonância magnética cerebral enquanto viam imagens perturbadoras — por exemplo, uma vítima de queimaduras —, o nível de reatividade da amígdala foi menor. Essa reatividade reduzida deve-se a uma conexão mais potente entre a amígdala e o córtex pré-frontal, que lida com as reações emocionais.

Aqueles que só tinham realizado a prática inicial (a atenção plena à respiração) não apresentaram essa conexão reforçada nem a reatividade reduzida. Mas a prática contínua parece aumentar essa conexão e reduzir a reatividade emocional ao estresse. Quando foram comparados os meditadores mais experientes e os menos experientes, verificou-se que, quanto mais horas de prática ao longo da vida, mais rapidamente a amígdala recuperava-se do estresse.

Há ainda uma descoberta que desafiou as previsões dos especialistas em pesquisa do DNA. Cientistas genômicos achavam que alterações no DNA poderiam ocorrer devido a impactos ambientais, até mesmo a dieta, porém não em razão de um exercício mental como a meditação. Estavam errados.

Depois desse estudo, a descoberta de que a meditação tem um impacto ativo sobre nossos genes foi menosprezada como uma ideia ingênua por um especialista em genoma. Porém, o grupo de

Davidson analisou a atividade genética de meditadores de longo prazo antes e depois de um dia inteiro de prática meditativa.

Um pouco de contexto: talvez você saiba que não são os genes do nosso corpo que determinam o que ocorre biologicamente conosco, e sim a ativação deles — isto é, a manifestação deles, na linguagem dos especialistas em genética. Os genes visados por esse estudo eram responsáveis por aspectos da reação inflamatória do corpo. Quando esses genes ficam ativos por vários anos, ficamos propensos a doenças como artrite, diabetes, problemas cardiovasculares e uma série de outras doenças para cujas causas os processos inflamatórios crônicos de baixa intensidade contribuem.

Para nós, o ideal é poder "baixar o volume" desses genes inflamatórios — isto é, desligá-los. Foi exatamente o que o grupo de Davidson verificou, após oito horas de meditação desses veteranos praticantes de vipassana (na média, eles tinham uma faixa de 6 mil horas de prática ao longo da vida inteira). A ideia "ingênua" revelou-se verdadeira.

Vários outros estudos indicaram efeitos benéficos da meditação sobre nossos genes.[4] Principiantes em mindfulness, por exemplo, apresentaram níveis reduzidos de atividade genética inflamatória, assim como uma redução da sensação de solidão. Sentir solidão, descobriu-se, turbina a atividade desses genes, tornando o corpo mais suscetível a inflamações.

Portanto, se pessoas próximas a você acham que você está perdendo seu tempo meditando, quando poderia estar fazendo algo útil, diga a elas que você está fazendo uma malhação mental. É como ir à academia, mas para a mente.

8. Um olhar interior mais profundo

TSOKNYI RINPOCHE: A EXPLICAÇÃO

À medida que nossa mente se assenta com clareza e descobrimos que podemos fazer isso com mais e mais frequência, podemos achar que é o fim da nossa caminhada — *Consegui o que eu queria com a meditação.* É verdade que obtivemos uma coisa preciosa: nossa mente deixou de estar atormentada e bagunçada, tornando-se mais calma e clara. Mas na verdade estaremos apenas começando a revelar o potencial interior de nossa mente. Assim como podemos usar o amor essencial para reparar nossos mundos sensoriais e tornar nossas relações sadias, podemos usar mais calma e clareza para aguçar nosso insight por meio da prática vipassana, que significa "visão interior" ou "investigação". É uma prática tradicional enriquecedora e apreciada em todas as variantes do budismo.

A calma e o insight atuam juntos nessa investigação interior. Quando se trata da capacidade transformadora da calma e do insight, podemos usar uma analogia: podar ervas daninhas versus arrancá-las completamente do solo. A calma é como podá-las. O insight é como puxá-las por inteiro, com raiz e tudo. Um estado temporário de calma (podar as ervas daninhas) é frágil, porque, se houver condições apropriadas, nossa mente pode recair na confusão, na turbulência e nas emoções aflitivas. Com a calma, dispomos de uma ferramenta preciosa, mas não atacamos a causa profunda, a raiz. Para isso, precisamos de uma compreensão maior.

Na minha tradição, a questão essencial na prática do insight é *compreender a reificação* (a tendência a considerar as coisas mais concretas ou reais do que realmente são). Por *reificação*, quero dizer *solidificação*, atribuir uma realidade maciça e imutável às coisas. E o que é que reificamos? Tudo! Quando nossa mente reifica, tudo que vivenciamos passa a ser visto sob essa lente. Reificar é como acreditar que um sonho é real. Quando acreditamos que nossos sonhos são reais, podemos ficar muito empolgados com sonhos felizes e muito apavorados e incomodados com pesadelos. É o mesmo que fazemos durante o dia, com nossas memórias, pensamentos e fantasias.

Reificamos automaticamente nossas percepções, ao experienciar um "eu" que é sujeito, e tudo que existe no mundo à nossa volta (ou dentro de nós, como é o caso de nossos pensamentos) como objeto. Esse hábito de reificar tornou-se uma tendência a uma fixação profunda no nosso ser. O problema aqui é que a reificação leva a uma tensão física e mental. Isso nos predispõe a problemas como aumento da ansiedade, medo, teimosia, tristeza, inflexibilidade, descontrole do humor, ideias neuróticas e assim por diante. A tensão destrói nossa alegria e animação, nosso fluxo. Tudo fica um pouco sério demais, tudo fica importante. Quanto mais reificamos, mais difícil fica relaxar, rir de nós mesmos, ficar abertos. Por isso, é útil vivenciar o mundo, e nós mesmos, de maneiras menos reificadas.

Tudo eu

Nós reificamos, especialmente, nosso senso do eu. Alguns de meus amigos são obcecados por comida, vida ao ar livre, artes ou esportes. Em minha tradição, porém, somos obcecados pelo eu. Pensamos nisso, estudamos isso, meditamos sobre isso. Você pode pensar: *Por que vocês são tão obcecados pelo eu? Ele está lá, simplesmente, então por que não deixar para lá?* Reificar e apegar-se ao eu de uma maneira pouco sadia leva a um monte de sofrimento desnecessário. Mas reificar o eu é apenas um hábito, um hábito renitente e muito antigo. A boa notícia é que, assim como todo hábito, pode ser modificado.

Cada um de nós tem seu próprio fluxo mental, isso é evidente. Meu corpo não é igual ao seu. Minhas lembranças e pensamentos não são iguais aos seus. O problema começa quando a tendência a reificar se fixa em um forte senso de posse e de identificação. *Eu* e *meu* se tornam muito importantes. As pessoas e as coisas são avaliadas não pelo que são, mas por como podem *me* ajudar, o que podem *me* fazer ganhar. O eu torna-se o centro de muitos receios e esperanças, de um forte apego, de muitas expectativas irreais — em relação a nós mesmos e aos outros. Assim, as coisas vão se tornando cada vez menos sadias. Quanto mais forte é esse autoapego, mais fortes são emoções como a raiva, a inveja, a ansiedade e a vaidade.

Nosso hábito de reificar o eu baseia-se em um mal-entendido sutil: atribuímos ao corpo e à mente qualidades inexistentes. Acreditamos na existência de algum tipo de certeza confiável, algum tipo de estabilidade duradoura. Pensamos que nosso corpo e nossa mente deveriam ser independentes, e não contar com outras pessoas e coisas. Durante breves períodos, essas ilusões podem até perdurar, e acreditamos nelas. Aí então adoecemos ou acontece alguma situação negativa em nossas vidas, e a mente volta a entrar em turbulência. Quando o corpo cede ou a mente fica estressada, agitada ou infeliz, é para nos mostrar que sempre estiveram ali — um amontoado de peças que podem dar defeito a qualquer momento, como as de uma bicicleta ou de um carro. À medida que nos familiarizamos com essa incerteza intrínseca, vamos ficando mais resilientes, porque nossa compreensão vai refletindo mais de perto a realidade. Quando compreendemos com mais precisão nossa verdadeira natureza, nossas expectativas se tornam mais realistas e sadias.

Um ensinamento comum na minha tradição é o *desinteresse de si*. Essa expressão se presta a muitos mal-entendidos, quando interpretada com exagero. Não significa a negação da personalidade, a ausência total de um senso do eu. Não é uma vacuidade, um total vazio niilista. Cultivar o insight sobre a verdadeira natureza do eu não transforma a pessoa em um legume congelado ou uma estátua fria de mármore. Se você perguntar a alguém que, como um buda, encarna o desinteresse de si: *Aonde você vai?*, essa pessoa não responderia: *Como assim?* Isso seria ridículo. Um buda é altamente funcional — talvez mais funcional do que conseguimos supor. Um buda sabe quais são as convenções e como utilizá-las, e também conhece as limitações das convenções e como transcendê-las.

O desinteresse de si significa que o senso do eu que todos possuímos não é concreto nem realmente autêntico. É mutante, furtivo e imaginário. Quando buscamos internamente nosso eu até podemos *sentir* alguma coisa, mas isso não significa que seja uma coisa real, como matéria sólida. Pode parecer que nosso eu se baseia em nosso corpo e mente. Ou talvez achemos que é algo independente, como uma alma permanente. Mas, quando procuramos por ele, quando de fato examinamos nosso corpo e mente, não conseguimos achar de verdade. Corpo e mente se transformam o tempo todo. São compostos por muitas e muitas peças e operam em uma teia de interdependência. O senso do eu também muda sem parar. Vai e vem. Nós formamos, mudamos e dissolvemos diversas identidades em resposta a diferentes situações, como por exemplo as pessoas com quem estamos. Podemos ser filhos ou pais, professores ou alunos, doadores ou receptores, inflexíveis ou generosos. Podemos nos sentir vulneráveis, empoderados, inseguros ou seguros, dependendo daquilo que nos refletem de volta. O senso do eu está em fluxo permanente.

Os quatro eus

O que é, então, o eu? O senso do eu é um hábito que nasce e morre na consciência. O hábito é a reificação da sensação de ser um observador, um sapiente no centro de nossa experiência.

Tomemos o exemplo de um carro. Na superfície, existe um carro. Está bem na minha frente. Posso entrar nele e sair dirigindo. Mas se você decompuser o carro, terá uma pilha de coisas — portas, motor, eixos, rodas, pneus e assim por diante. Onde está, então, o "carro"? O "carro" se revela uma abstração, uma atribuição a uma coleção de peças. O eu é assim, um rótulo útil para descrever uma "entidade" conceitual composta por muitas peças. No caso do eu, essas peças são o corpo, as sensações, as percepções, as formações mentais e a consciência.

Em minha tradição, temos muitas maneiras de falar e pensar o eu. Gosto de usar um enquadramento simples, que chamo de *os quatro eus*. É um enquadramento que parte de fontes diferentes, que eu juntei e batizei para unificar. Esses quatro eus podem nos ajudar a ver com mais clareza como o senso do eu pode operar de maneiras sadias ou não sadias.

O EU SIMPLES

Pois bem, se o senso de eu é mutante, furtivo, imaginário, cambiável e interdependente, qual é a maneira apropriada de se relacionar com ele? Com um senso de *simplicidade*. A *simplicidade* é o oposto da reificação. É uma leveza, uma posse na medida certa. Se você precisa segurar uma toalha de papel, agarrá-la com força e espremê-la é excessivo. Segure-a levemente, apenas. O mesmo ocorre com o senso do eu. O mesmo ocorre com os objetos. Encarar o senso do eu com simplicidade demanda diversas percepções sensoriais e pensamentos. Ele simplesmente se lembra e planeja o futuro. Ele simplesmente sente que estou aqui — não é preciso fixar-se nisso. Os sonhos aparecem, simplesmente, sem serem sólidos e reais. Reflexos e miragens simplesmente aparecem. *O eu simples* é a forma sadia de relacionar-se com o senso do eu e com nossas experiências em mutação. Com simplicidade, podemos caminhar dentro da realidade, podemos dançar e fluir. Estamos em harmonia, e não em desarmonia, com a realidade natural.

A verdade é que tudo está em movimento e transformação. Sabendo disso, podemos encontrar um pouco de abertura, flexibilidade e fluidez que vão aliviar a reificação. Então, pode ocorrer algum insight relacionado à interconexão: todas as coisas dependem de outras coisas. Quando enxergamos que corpo e mente não são uma coisa única, e sim coleções de partes, ficamos abertos à fluidez e à multiplicidade. Podemos permitir que mais experiências venham e vão, sem necessidade de elaborar uma narrativa e adequá-la àquilo que acreditávamos ser.

Às vezes, dou a isso o nome de eu simples *bonito e funcional*. Bonito porque é responsivo, em vez de reativo. É leve e divertido, pronto para amar, mas não de uma forma grudenta. É flexível e simples; tem sua sensação o.k. básica. Não é dominado por interesses ocultos de reificação e autoestima. O eu simples é um verdadeiro lar para um ser humano sadio, assim como a fundamentação e o amor essencial também são. Para conectar-se com a simplicidade, é preciso aprender o desapego. O eu simples é um jeito de ser ao qual podemos retornar, para encontrar a sanidade, o alívio da tensão e a conexão com a mente aberta.

O EU REIFICADO

Quando a simplicidade não é reconhecida, a reificação se insinua. O senso do eu se torna mais concreto, como se fosse um objeto muito sólido. Dou a isso o nome de *eu reificado*. A aparente separação entre nós e a nossa experiência, entre o "eu" que experimenta e o que nós percebemos, se torna rígida e distinta.

Em vez de observar: *Estou me sentindo um pouco desconfortável e ansioso em meu corpo hoje de manhã. Humm, talvez seja um estado de espírito anormal. Vamos ver como evolui*, nós tornamos nossas percepções algo concreto: *Que dia horrível hoje! Que situação terrível! Está todo mundo contra mim!*

Nosso mundo vai se dividindo cada vez mais entre *o eu e o outro, aqui dentro e lá fora*. Reificamos sem parar e tudo começa a parecer muito tenso. Em vez de enxergar o jogo de interdependência entre as coisas, a simplicidade, perdemos essa beleza e fluidez, e vamos enrijecendo por dentro. À medida que aumenta esse enrijecimento, podemos perder nossa alegria intrínseca, nosso bem-estar intrínseco. No fim, cria-se um autocentrismo.

O eu reificado tem dimensões suaves e ásperas. No sentido áspero, agride e atrapalha todo tipo de coisa. Torna tensos, pesados e sisudos os relacionamentos e as situações. Imagine cerrar os dentes e franzir a testa. Essa imagem é exagerada, mas exemplifica a atitude do eu reificado. Nas dimensões suaves, ele só acredita um pouco excessivamente nas coisas. Em vez de relacionar-se com o fluxo da experiência pela qual está passando com relaxamento, alegria e diversão, ele torna tudo concreto e fixo. Deixa o sorriso um pouco mais tenso, torna o riso um pouco mais difícil. O eu reificado enrijece nossos êxitos e dificuldades, nossos altos e baixos.

Um mal-entendido comum é achar que, sem a reificação, nada pode funcionar. É importante esclarecer esse ponto. Você pode pensar: *Preciso de seriedade. Sem um comportamento muito sério e orientado para mim, não consigo fazer nada.* Mas a realidade não é fixa. Quando tentamos fixar tudo, a dança, o fluxo e o movimento deixam de existir. Até podemos saber disso intelectualmente, mas aprendemos desde cedo que, para nos sentirmos emocionalmente seguros, queremos que as coisas sejam fixas. Aos poucos, essa fixação vai se tornando excessiva, causando-nos mais sofrimento. Mesmo quando sabemos que é preciso desapegar, não sabemos como. Isso acontece por causa da fixação, por causa do eu reificado.

O EU CARENTE

O *eu carente* se desenvolve a partir do eu reificado, à medida que vão aumentando nosso autocentrismo e nossa egolatria. O eu carente é mais fácil de perceber que o eu simples ou o eu reificado; podemos identificá-lo naqueles comportamentos que normalmente consideramos egoístas ou carentes. Ao abrir mão da simplicidade, perdemos o contato com a nossa fundamentação, nossa abertura e nossa liberdade básicas, nossa fluidez e nosso bom humor. Nosso eu reificado é tenso, não é alegre, nem divertido. Podemos ter a sensação de que alguma coisa está faltando, e por isso tentamos encontrá-la e consumi-la — seja essa coisa amor, aceitação, bens, status ou qualquer outra. Nós nos tornamos apreciadores de nós mesmos, de nossos egos frágeis. Esse eu ególatra envolve essencialmente reivindicar a felicidade apenas para si.

Na realidade, a felicidade existe de maneira interdependente. Isso significa que precisamos cuidar do bem-estar alheio. Porém, quando estamos manifestando o eu ególatra, sentimos uma ânsia por felicidade para nós mesmos — e não dá para alcançá-la, porque a nossa felicidade depende da dos outros. Quando tudo é a meu respeito, fico muito solitário. Um sinal crucial dessa egolatria é a busca egoísta da felicidade apenas para mim.

O EU SOCIAL

O *eu social* acarreta a compreensão de que, na percepção alheia, existimos de uma determinada forma. Os outros possuem imagens mentais de nós, nos avaliam, formam opiniões a nosso respeito e nos julgam. Podem gostar ou não de nós, podemos ser populares ou impopulares. O eu social é nossa compreensão disso, nossa ansiedade ou nosso divertimento a respeito, e nossas tentativas de lidar com isso. Todos temos que lidar, a menos que vivamos isolados em uma montanha. O eu social não é intrinsecamente positivo nem negativo. O eu social pode expressar o eu simples, o eu reificado ou o eu carente. Quando se baseia no eu simples, o eu social pode ser muito útil, se soubermos como jogar com ele. O eu social pode ser muito divertido, quando estamos brincando com o humor e com o eu simples. Sem a influência e os interesses do eu ególatra, o eu social pode estar repleto de um senso de altruísmo e compaixão. Nesse caso o eu social pode ajudar muita gente.

Gosto de pensar no Dalai-Lama como exemplo de um eu social muito sadio. É evidente que o Dalai-Lama tem um eu social bem desenvolvido. Ele tem um alto nível de funcionalidade e usa o eu social do "Dalai-Lama" a maior parte do dia, no mundo inteiro, e com muita, muita gente. Apesar disso, ele costuma dizer que não sonha em ser um lama de enorme fama, mas um simples monge. Isto mostra que seu eu social se baseia no eu simples, e não no eu reificado. Quando ele volta para seu quarto, pode deixar o eu social se dissolver e retornar ao eu simples, que é muito simples, muito sadio. Ele não fica preso ao eu reificado. O Dalai-Lama estabelece um padrão altíssimo, que talvez não consigamos atingir ainda. Mas é bom ter um exemplo, uma meta em cuja direção podemos nos orientar.

Por outro lado, quando o eu reificado se transforma no eu ególatra, o eu social desanda. Queremos reconhecimento, popularidade, consagração, fama e assim por diante. Começamos a nos preocupar com nossa reputação. A gestão do nosso eu social pode levar à exaustão e gerar muita ansiedade. Hoje em dia, preocupa-me o quanto as redes sociais podem tornar o eu social ainda mais estressante que antes. Isso afeta a todos nós, mas sobretudo os jovens, que passam muito tempo nesse mundo.

PERMANÊNCIA, SINGULARIDADE E INDEPENDÊNCIA

Em geral, temos a sensação de que nosso eu possui permanência, que ele é uma entidade singular e unificada, e que é independente. Nosso hábito de reificação — a raiz da confusão — decorre dessas premissas centrais. Atribuímos a nosso senso do eu e aos objetos de nossas percepções determinadas qualidades que eles na verdade não possuem.

A palavra *permanência* pode parecer, de certa forma, estranha e grandiloquente — no fundo, sabemos que as coisas não são, na verdade, imortais. Esquecemos, porém, que nosso corpo está em constante mudança, nossa mente está em constante mudança, nosso estado de espírito está em constante mudança. Os tijolinhos básicos da mente e da matéria surgem e se dissipam o tempo todo, aparecendo e desaparecendo, nascendo e morrendo. A realidade mais se parece com um rio agitado do que com uma coleção de naturezas-mortas inertes no espaço. Emocionalmente, quando nos esquecemos desse fluxo constante, nosso estado de espírito adquire um peso maior. *Eu sou esse estado de espírito. Sempre serei assim.* Então, quando as coisas não acontecem como esperamos, por exemplo, podemos ter a impressão de que nosso mundo está acabando.

Mas, quando nos mantemos em contato com esse fluxo, conseguimos ter distanciamento. Podemos lembrar: *Isso também vai passar.* Ao introjetar a consciência da constante transformação, podemos permanecer fundamentados diante dos altos e baixos.

Encarar as coisas como *singulares* implica achar que uma coleção de várias peças é uma coisa só. Costumo chamar isso de *amontoado*: achamos que o corpo é um amontoado, que o eu é um amontoado, que os objetos que percebemos são amontoados. Esse amontoado cria vários problemas. Por exemplo, o corpo, os sentimentos, a mente e o senso do eu são, na verdade, fluxos de experiência distintos. Porém, amontoamos tudo junto no "eu". Por isso, quando um deles não anda muito bem, o problema parece ser de todos. Perdemos de vista o espaço entre eles, em torno deles. Sentimos que estamos travados. Outro problema é que podemos amontoar outras pessoas e suas emoções. Quando alguém tem uma emoção, pensamos: *Essa pessoa é essa emoção*, sem entender que aquela emoção está dominando-a apenas temporariamente. Aí, culpamos a pessoa por suas emoções, pensando: *Ela é uma pessoa ruim*, criando rancores e preconceitos com base em algo temporário, que não é intrínseco àquele ser.

Por fim, existe a *independência*. Todos nós apreciamos o conceito de independência. Como ideal, parece bom. Atribuímos independência a nosso senso do eu: *Sou independente: não preciso de ninguém!* Sentimos orgulho, mas em pouco tempo isso se transforma em uma vaidade solitária. É um equívoco sem base na realidade. Também atribuímos independência aos objetos de nossa percepção, entre eles as outras pessoas, supondo que elas têm liberdade para dispor de seu corpo, de sua fala, de sua mente. Na realidade, porém, não existe nada verdadeiramente independente, nem mesmo nosso senso do eu. As coisas são interdependentes: tudo depende de outras coisas. A árvore depende da chuva, do ar, do solo, da luz do sol e dos insetos para a polinização. Nosso corpo depende de comida, água, ar e tantas outras coisas para sobreviver. Se desejamos prosperar, dependemos de ainda mais condições. Tudo está conectado, de várias maneiras.

Fluxo, multiplicidade e interconexão

A origem dessa confusão é a fixação, e a base da fixação é a confusão. Poderia ser de outro jeito. Nosso senso do eu e os objetos que percebemos podem ser divertidos. Dessa diversão, surgirá a alegria. Isso combina com a natureza. Nela, tudo está brincando — as árvores, o vento, as montanhas. Tudo brinca em interdependência mútua, sem apego, sem reificação.

Portanto, temos que relaxar e encontrar espaço e acesso. Os antônimos dos mal-entendidos descritos acima são *fluxo, multiplicidade e interconexão*. Tendo contemplado e resolvido todos eles, podemos trazê-los de volta à mente o tempo todo, o que ajuda a trazer uma perspectiva diferente à vida cotidiana. Podemos relembrar a interconexão e a interdependência. Podemos retornar ao bonito eu simples. O bonito e descomplicado eu simples. Graças à interconexão, existe a possibilidade de amar a todos, porque somos dependentes de todos.

A prática

Agora, precisamos pegar todas as práticas que aprendemos e integrá-las com a compreensão do eu simples, sem reificação. Vamos aprender como fazer o ato de soltar no eu simples. Quando aparecer a rigidez ou a egolatria, podemos fazer o ato de soltar o corpo adentro e encontrar o amor essencial. Podemos vivenciar o amor essencial com o eu simples, bonito e acessível, sem apego. Podemos apertar a mão sem reificação. Com o eu simples, podemos trabalhar com nossa energia acelerada e encontrar fundamentação. Podemos praticar assentar a mente e encontrar clareza sem reificação. Essa compreensão da simplicidade, da não fixação, pode espalhar-se por tudo o que praticamos, tudo o que percebemos.

Da mesma forma, não reifique sua prática de meditação. Você pode enrijecer nossa preciosa meditação, mas isso apenas traz de volta velhos hábitos de tensão, julgamentos e ambições para nosso caminho espiritual. O ideal é que a meditação seja uma arena para desafiar os hábitos de reificação, fixação e enrijecimento. Nossa trilha espiritual pode ser um refúgio que estimule o divertimento, a alegria, a abertura e o amor.

A prática principal, portanto, é retornar ao eu simples. Quando compreendemos os quatro eus em nossa experiência, podemos então perceber: *Ah, agora estou no eu reificado, no eu social ou no eu carente*. É preciso identificá-los na experiência. O retorno ao eu simples é uma combinação da compreensão de onde estamos travados e do desapego.

Comece ficando em uma postura confortável, com a coluna ereta, corpo e mente relaxados. Prepare-se para a prática do insight fazendo o ato de soltar o corpo adentro por alguns minutos. Conecte-se com o mundo sensorial. Caso sinta que algo precisa de uma saudação, faça essa prática. Se conseguir conectar-se ao amor essencial, permita que ele inunde seu coração e seu corpo. Em seguida, deixe a mente assentar-se na calma e na clareza por um breve instante. Quando se sentir suficientemente calmo e claro, tente adquirir consciência de qual eu está em atividade neste momento. Saiba, sinta e identifique-o claramente.

Tente retornar ao eu simples. Use sua compreensão da impermanência, da interdependência e da multiplicidade. Por mais obstrutivas e opressivas, tensas e graves que as coisas pareçam, elas próprias são percepções mutantes. Use a prática do desapego. Qualquer que seja o tempo lá fora, o céu continua amplo e acolhedor. Continue a identificar os pontos de tensão e enrijecimento do corpo, do mundo sensorial e da mente, e vá liberando-os.

Use sua saudação e seu amor essencial. Caso apareçam monstros bonitos, nossas emoções difíceis e resistências, acolha-os com os braços abertos da consciência generosa. Reconecte-se repetidamente com o amor essencial, até sentir que ele é seu lar, seu território. Caso consiga retornar ao eu simples, apenas fique ali com ele. Caso não consiga fazer o ato de soltar e retornar ao eu simples, faça uma pausa em seu esforço e aperte a mão do que quer que esteja presente.

Em alguns casos, o eu reificado parece muito potente, e fica difícil desapegar-se dele para voltar ao eu simples. Se sentir que isso está acontecendo, você pode tentar o seguinte:

Comece da mesma forma que a proposta anterior, ficando em uma postura confortável e fazendo o ato de soltar a consciência corpo adentro. Apenas fique no corpo e no mundo sensorial por um breve instante, sem qualquer intenção. Deixe a percepção assentar-se na calma e na clareza fundamentadas. Quando sentir que se centrou e equilibrou, tente trazer a atenção para o eu reificado.

> Tente identificar a solidez, o enrijecimento do eu reificado. Você pode notá-lo como algo preso lá no fundo, uma sisudez. Quando localizá-lo, deixe-se senti-lo por algum tempo para conhecê-lo melhor. Depois, tente dar um sorriso interior e lembre-se da simplicidade. Procure relaxar e aliviar a tensão do eu reificado. Solte-se no eu simples. Caso não consiga soltar o eu reificado, pratique agora a saudação.

—— · ✦ · ——

Também podemos praticar na vida cotidiana. Mais uma vez, a prática essencial é o retorno ao eu simples. Não importa o que mais você estiver fazendo, tente recordar os pontos-chave da compreensão, do desapego, do simples ficar com a experiência presente e da saudação do mundo sensorial. Sempre que possível, conecte-se com o amor essencial. Deixe-o permear o eu simples, e deixe essa simplicidade permear o amor essencial.

Uma vez conectado com o amor essencial e o eu simples, caso você precise se engajar com o eu social, caso precise desempenhar um papel junto a alguém específico, desempenhe-o. Engaje-se com essa pessoa. Seja sozinho ou com outras pessoas, lembre-se de que tudo está em movimento e transformação, tudo está interconectado. Quando o eu reificado causar problemas, não há motivo para pânico. Simplesmente observe, identifique-o claramente e aprenda com ele. Havendo compreensão, tudo pode ser trazido para a trilha da meditação e da sabedoria.

Em resposta a qualquer situação que encontrar, aplique a prática que for mais apropriada. O ato de soltar, a saudação, o amor essencial, a respiração, o assentamento, a busca da clareza, use o que for mais útil num dado momento, sem reificação. Sempre que possível, faça o ato de soltar para dentro do eu simples. Tente integrar a fundamentação, o amor essencial e o eu simples em sua experiência, de modo a fazer deles o seu lar, seu fundamento. Deixe que a beleza da simplicidade toque todas as suas práticas espirituais, cada parte de você, tudo que você percebe e todos os seres com que se conectar.

DANIEL GOLEMAN: A CIÊNCIA

Tulku Urgyen, pai de Tsoknyi Rinpoche, foi um dos mestres da meditação mais reverenciados de sua geração. Minha esposa e eu tivemos a felicidade de estar com ele algumas vezes, por várias semanas, antes de seu falecimento, em 1996.

Embora sua presença amorosa fosse palpável, o que me marcou foi outra qualidade: a humildade. Sempre que ensinava algo sobre um texto tibetano, primeiro ele homenageava o mestre de quem recebera aquela instrução específica.

Em seguida, fazia uma ressalva, que na prática era algo assim: *Eu não realizei nenhum feito específico, mas darei o melhor de mim com base naquilo que meus professores me contaram.*

Essa atitude humilde contrasta fortemente com o estilo do eu-primeiro, ególatra, tão comum — e até admirado — na cultura moderna. No modelo dos vários eus de Tsoknyi Rinpoche, a atitude de Tulku Urgyen expressa o eu simples, que não sente a menor necessidade de impressionar os outros ou de se promover.

Quando Richard Davidson e eu analisamos as melhores pesquisas atuais sobre meditação — a partir de milhares de estudos publicados —, descobrimos uma lacuna notável. Havia incontáveis descobertas sobre os benefícios populares da meditação, como tornar-se mais sereno e focado, relaxado, saudável, entre outras vantagens. Mas havia muito poucas pesquisas sobre como a busca da meditação reduz nosso egocentrismo, e zero pesquisa sobre o desinteresse de si — o eu simples, como Tsoknyi chama.[1]

Ele considera esse eu o mais saudável de todos, que surge quando encaramos com leveza nosso senso do eu, assim como qualquer outro pensamento ou emoção. Reconhecemos nossa singularidade e qualquer valor que ela possua no nosso eu social, por exemplo — mas a enxergamos como uma mera aparência, como um reflexo no espelho. Podemos ser engraçados ou sérios, conforme o momento exige, porque não estamos limitados por uma carência ou uma necessidade de defender algum senso de nós mesmos. Estamos completamente disponíveis para as necessidades do outro.

Mas esse modelo de um eu ultrassadio se apoia em uma leveza do ser que não encontra paralelo na psicologia moderna. É nosso fluxo ordinário de consciência focada em mim, com suas intermináveis preocupações, desejos e receios, esperanças e medos, listas de tarefas e coisas do gênero, que nos derruba. É esse caldo mental borbulhante que forma aquilo que acreditamos ser nosso eu — a matéria que compõe o eu. Esse senso do eu nos dá uma sensação de lar em meio ao oceano turbulento da nossa experiência.

Mas as psicologias asiáticas tradicionais sustentam uma visão diferente: como observou Vasubandhu, um sábio indiano, já no século v, "Enquanto te agarrares ao eu, estarás preso ao mundo do sofrimento". A libertação do nosso eu ordinário — e o repouso no eu simples — sempre foi uma meta do caminho espiritual asiático.

A natureza do "sofrimento" em nossas vidas ordinárias pode ser indefinível para a maioria de nós. Apesar disso, muitas experiências que os caminhos espirituais consideram como nosso "sofrimento" de fato se parecem com sofrimento para qualquer pessoa. Tomemos a relação entre a depressão e o eu reificado, em que os pensamentos e sentimentos são mais "grudentos". Entre as características marcantes da depressão estão um intenso e persistente foco em si mesmo e uma inquietação repetitiva. Esse apego e ruminação constante foram identificados como mecanismos que estimulam a depressão. Pensamentos como: *Sou um fracasso* e *Minha vida não faz sentido* estão entre os chamados "depressiogênicos" — isto é, que ensejam crises depressivas.

As psicoterapias mais bem-sucedidas contra a depressão incentivam as pessoas a enxergar esses pensamentos de um jeito diferente: a mudar a relação com eles, em vez de simplesmente acreditar neles. Na verdade, uma das máximas desse tipo de psicoterapia é *Você não precisa acreditar nos seus pensamentos*, especialmente aqueles que o deixam em depressão. Por vezes chamada de "descentramento", essa mudança na relação com os pensamentos negativos representa um ponto onde psicoterapia e meditação — principalmente o mindfulness — se encontram.[2]

O eu carente, assim como o eu reificado, também parece ser reflexo da atividade dos circuitos emocionais do cérebro. Aqui, um autocentrismo grudento deixa ainda mais rígida a preocupação com nosso senso do eu — eu, mim, meu. Nossa mente fica fixada naquilo que nos recompensa e evita aquilo que é desagradável. Isso pode levar a um foco narcisista naquilo que queremos, sem preocupação com o possível impacto sobre os outros, ou a um foco em padrões de relacionamento doentios, como uma dependência carente.

A forma como nossos apegos infantis moldam os relacionamentos ao longo da vida adulta foi profundamente analisada em obras baseadas nas teorias de John Bowlby, especialista britânico em infância.[3] Por exemplo, uma infância em que sofremos abandono, ou até mesmo traumas, leva a um sentimento de desconfiança nos relacionamentos, quando adultos. Da mesma forma, se na infância fomos levados a chamar a atenção alheia com reações exageradas ou uma ultra-ansiedade em relação a nossas conexões, adotamos a mesma postura na idade adulta. Ou se na infância lidamos com nossa insegurança em relação às conexões evitando toda e qualquer emoção, é isso que faremos quando adultos. Porém, se em nossos primeiros anos sentimos segurança junto às pessoas, carregamos essa premissa de segurança para os nossos relacionamentos mais próximos.

Em seguida, temos o eu social, nossa forma de existir na cabeça dos outros. Algumas pessoas empregam muita energia naquilo que a psicologia chama de "gestão das impressões", tentando manipular a forma como somos vistos — não importa quem ou como sejamos no fundo. O lado negativo do eu social advém do desejo de ser querido a qualquer custo, inclusive projetando um eu fictício. As redes sociais agem como um eu social turbinado, na medida em que as pessoas tentam desesperadamente aumentar o engajamento de seus seguidores, por exemplo.[4]

Por outro lado, o eu social pode ser bastante positivo quando nos damos conta de seu potencial e somos motivados por um senso de afeto, e não de carência. Como aponta Tsoknyi Rinpoche, o Dalai-Lama é um exemplo disso. Ele se tornou o porta-voz da unicidade da espécie humana e da necessidade de uma orientação ética baseada na compaixão. Quando Paul Ekman, especialista em expressão facial das emoções, encontrou o Dalai-Lama, ficou imediatamente impressionado com a agilidade emocional do célebre monge. Ekman viu que, quando o Dalai-Lama era apresentado a outras pessoas, seu rosto espelhava de forma instantânea as emoções daquela pessoa, e que essas emoções sumiam assim que seu rosto espelhava as da pessoa seguinte.

Ekman nunca tinha visto uma transição tão rápida e natural, por exemplo, de uma tristeza intensa para uma poderosa alegria. Essa transformação parece indicar uma falta de aderência. À medida que nos libertamos das emoções angustiantes e dos desejos compulsivos, podemos nos aproximar daquilo que Ekman enxergou no Dalai-Lama: o desapego, ou seja, o eu simples. Passamos de um senso rígido do eu a outro mais flexível na maneira de se manifestar a cada instante.

A neurociência nos diz que o senso do eu mais profundo ocorre quando "não estamos fazendo nada", ou seja, quando a mente divaga para lá e para cá. A maior parte dessa divagação acarreta pensamentos sobre nós mesmos: *o que me preocupa, quantos* likes *meu post recebeu, meus relacionamentos, minhas emoções atuais.* O conjunto de circuitos cerebrais ativo nesses momentos ociosos de devaneio focado no eu é chamado de *rede de modo padrão*, nome que dá a entender que esses circuitos assumem o comando "por default" quando não estamos envolvidos em algo que exija foco imediato na tarefa mental, como a solução de um problema aritmético, por exemplo.

Esse autossistema cria nosso universo pessoal, colocando cada evento em termos de como nos afeta; somos sempre o centro das histórias que contamos sobre a nossa vida. E, quando fazemos isso, a rede de modo padrão é acionada. Mas as pesquisas concluíram que os meditadores veteranos fortaleceram circuitos cerebrais que silenciam o modo padrão.[5]

Davidson e eu verificamos que as pesquisas feitas até hoje que monitoraram o quanto a meditação permite progredir na contenção do autossistema cerebral indicam que, quanto mais a pessoa já meditou, mais fracas se tornam as conexões nesse sistema que "cria" o eu. Essas pesquisas mediram a capacidade do meditador de simplesmente perceber uma experiência (por exemplo, uma dor no joelho) e deixá-la passar, em vez de se deixar capturar por ela. O eu simples está mais propenso a fazer isso, enquanto o eu reificado é capturado pela necessidade de fazer algo para se livrar da dor.

A ciência cognitiva comprovou que o nosso eu, que considera-mos tão sólido, é na verdade constituído de pecinhas e pedaços de percepções, memórias, pensamentos e outras efemérides mentais.[6] O cérebro obtém esse senso do eu atual a partir de uma mistura de fenômenos passageiros. É uma ilusão que o cérebro cria para nós o tempo todo. O tal do "eu permanente" não passa disso. Uma das maiores sacadas do budismo é análoga a essa compreensão, quando afirma que não existe um eu enquanto tal, mas apenas uma ilusão do eu.

A psicologia, por exemplo, estuda o tipo de humildade de-monstrado por mestres como Tulku Urgyen, ainda que em termos menos agradáveis: o termo técnico é *despretensão hipoegoica*. Poderíamos traduzir isso como "humildade de quem não se acha especial", uma atitude que é exatamente o contrário do narcisismo.[7]

A neurociência começou, pelo menos em tese, a monitorar o que o eu simples poderia significar em termos de funcionamento do cérebro. Nesse ponto, a ciência continua imprecisa: até agora não há estudos sobre qual seria a programação do cérebro que cria um senso do eu e como ela muda à medida que nos acostumamos com o eu simples. Uma teoria postula que a "meditação descons-trutiva" — ou seja, práticas que nos aproximam da experiência do eu simples, em que ficamos cada vez menos à mercê do eu reificado ou do eu ególatra — leva à capacidade de sustentar um estado de consciência pura.

A ciência vai além, sugerindo aquilo que esse estado de consciência pura pode significar em termos de funcionamento cerebral. Segundo esse ponto de vista, o cérebro está o tempo todo fazendo previsões com base em experiências anteriores. Porém, quanto mais próximos estamos de assentar nossa consciência no momento presente, mais fraca fica nossa capacidade de antecipar o futuro, e menos ainda com base no passado. À medida que conseguimos sustentar essa consciência do momento presente, isenta de passado e de futuro, os circuitos cerebrais da consciência comum silenciam. Ou pelo menos é isso que diz a teoria.[8]

Entre os benefícios do silenciamento da mente estão uma maior calma e clareza. Mas assentar-se na consciência pura vai além dessa sensação de paz. Richard Davidson, que estudou o cérebro de iogues muito avançados, que atingiram esse patamar, me disse que nunca encontrou um grupo de pessoas tão presentes, contentes e calorosas.

Epílogo
Alguns conselhos finais

CORPO FUNDAMENTADO, CORAÇÃO ABERTO, MENTE CLARA

Com este livro, nossa intenção é ajudar a formar pessoas saudáveis em todos os aspectos: gente bem fundamentada, calorosa, de mente clara, com energia e com uma propensão natural a ajudar o próximo. Uma frase simples capta essa intenção: *corpo fundamentado, coração aberto, mente clara*. Ela expressa o resultado das diversas práticas propostas aqui.

À medida que nos tornamos mais treinados no uso dessas ferramentas, podemos aplicar aquela que é correta para uma determinada situação, como um carpinteiro habilidoso que sabe qual ferramenta usar em cada etapa de um projeto. A vida nos apresenta obstáculos, desafios e problemas, seja em nossos relacionamentos ou por dentro, em nosso mundo interior de sensações, pensamentos e emoções. Podemos imaginar esses métodos como uma caixa de ferramentas para lidar com a vida:

ATO DE SOLTAR: Ao sentir tensão, enrijecimento, travamento ou ansiedade, a prática do ato de soltar pode ser muito útil. Coordene uma expiração forte com uma batida das palmas nas coxas, soltando a mente consciente de modo a aterrissar no corpo. É uma prática rápida e simples, que pode ser usada a qualquer momento do dia.

RESPIRAÇÃO ABDOMINAL: Respirar com a barriga pode ser particularmente útil quando nos sentimos agitados e fora de prumo. Essa prática de respiração em vários passos ajuda a fazer a energia agitada descer para o seu lugar, abaixo do umbigo, o que lhe traz fundamentação.

SAUDAÇÃO: Essa ferramenta essencial para a cura e a abertura ajuda nos bloqueios emocionais, na reatividade e na relutância — seus "monstros bonitos". Você se reconecta com sua consciência e seu mundo sensorial, com uma atitude de acolhimento e aceitação, fazendo amizade com esses monstros bonitos.

AMOR ESSENCIAL: Saudar o seu mundo sensorial permite redescobrir o bem-estar natural que vem da conexão com o amor essencial. Ao sentir carência, apatia, desprezo por si, falta de inspiração ou de reconhecimento, você pode primeiramente saudar esses sentimentos, fazendo amizade com eles, o que, com o passar do tempo, permite reconectar-se com sua sensação o.k. intrínseca, o amor essencial. Esse amor está sempre conosco, por trás de todos os sentimentos, emoções e estados de espírito mutantes.

AMOR E COMPAIXÃO: Com base no amor essencial, você pode cultivar a empatia e a compaixão a qualquer momento, expandindo gradualmente seu alcance, para abarcar cada vez mais seres em seu afeto carinhoso. Isso pode se ampliar para incluir até pessoas neutras ou complicadas, não apenas aquelas mais próximas do nosso coração.

ASSENTAR A MENTE: Ao sentir-se confuso, sem foco ou desorganizado, as práticas de assentamento da mente podem ajudar. Aprender a assentar a mente com um objeto de apoio, como a respiração, ou sem um objeto de apoio são práticas importantes para descobrir a clareza natural e trazer a serenidade e o foco para a vida.

PRÁTICA DO INSIGHT: As práticas do insight, entre elas a contemplação focada dos quatro eus e o repouso em uma amplitude lúcida, podem aprofundar seu caminho espiritual, desbloqueando insights libertadores. A prática do insight clareia caminhos saudáveis e não saudáveis de se relacionar com o eu, ajudando-o a desenvolver uma serenidade e uma lucidez mais robustas e a descobrir seu potencial para livrar-se de neuroses, crenças limitadoras e confusão.

Essas práticas, e os insights que delas resultam, podem nos ajudar a lidar com a vida e sua bagunça com graciosidade e eficiência. Os pontos-chave são a *fundamentação* do ato de soltar, o *amor essencial* da saudação, e o *eu simples* do insight. Eles podem se tornar nosso lar interior, a base do nosso ser. Se conseguirmos fazer isso, a vida pode se tornar mais rica, mais calorosa, mais alegre, e teremos maior facilidade para ajudar os outros.

Porém, como acontece com qualquer habilidade, é preciso praticá-las. Se quisermos ser bons no piano, na marcenaria, no esporte ou em um hobby, precisamos repetir os movimentos--chave muitas e muitas vezes até adquirir proficiência. O mesmo acontece com a mente. Não dá para meditar uma ou duas vezes e obter todos os benefícios e competências que a meditação pode oferecer. Leva algum tempo. Precisamos nos *familiarizar* com as práticas e experiências que ocorrem quando meditamos. Com efeito, a palavra tibetana tradicional para a meditação (*gom*) significa "familiarizar-se" ou "habituar-se". Estamos enfrentando hábitos antigos e criando novos.

O ideal é dedicarmos algum tempo todos os dias. Não precisa ser um período longo; é melhor estabelecer metas alcançáveis, como dez ou vinte minutos diários, para começar. É o suficiente para obter alguns benefícios imediatos, e a partir daí ir aumentando o tempo gradualmente. Deixar a prática crescer de forma orgânica é melhor do que tentar forçar demais no começo. Você pode começar com um compromisso mensal — meditar todos os dias durante um mês — para ajudar a dar a partida e criar o hábito.

Lembre-se de que as experiências de meditação têm altos e baixos, assim como nosso humor ou a bolsa de valores. Às vezes nos sentimos claros, leves e animados, como quando progredimos rapidamente. Em outros momentos nos sentimos lerdos ou agitados, como se não estivéssemos chegando a parte alguma, como se qualquer coisa fosse melhor que a meditação. Continue, simplesmente, sem se deixar capturar demais pela mutação das experiências. *Na verdade, não importa quais sejam essas experiências em mutação*, desde que continuemos praticando e desenvolvendo esses hábitos. No fim das contas, nossas experiências são como ondas no oceano: apesar dos altos e baixos, o que importa é ainda estar na água.

Os picos e os vales são como a água no oceano, e os altos e baixos em nossa experiência em permanente mutação são o simples fluir da percepção. Não os julgue. Isso pode acabar inflando ou derrubando seu ego. Quem quer chegar ao topo da montanha só precisa continuar caminhando com constância — nosso estado de espírito em qualquer momento específico não é tão importante.

Existem várias formas de ajudar o outro, mas o caminho de meditação que propomos aqui aconselha a começar pelo nosso próprio ser. Ajudando a nós mesmos, ajudamos o outro. Primeiro, vá para casa e desenvolva sua força interior; seu caminho de meditação leva ao amor essencial e, à medida que cultivar clareza e riqueza interior, o amor expressado se manifestará como compaixão. Ajudar o outro faz uma enorme diferença em nosso mundo. Essas práticas podem ajudar a nos ajudar, tornando-nos melhores para ajudar o outro.

É claro que ajudar o outro — e a vida em geral — pode ser exaustivo. O estresse é crescente no mundo atual e cobra um preço. O ritmo da vida moderna pode nos deixar agitados, e as demandas complexas que precisamos conciliar em casa só aumentam o estresse. O custo mental, físico e emocional pode ser pesado. Com essas práticas, podemos recarregar as energias, em vez de nos sentirmos cansados, exauridos e estafados. Podemos combater a sensação de baixa energia, evitando o burnout e a fadiga da compaixão. É possível aprender a recarregar. Quanto mais energia fluir a partir de nossa prática, mais podemos ajudar o outro. À medida que esse ciclo de feedback positivo se consolida, ficamos mais capazes de retornar ao nosso lar natural, recarregando nossas baterias para continuar a ajudar.

A falta de autocuidado pode limitar o trabalho altruístico, além de impedir o contentamento e o bem-estar pelo fato de ajudar.

Quando não nos conectamos a nossos corações, não meditamos, não estamos em nosso lar no mundo sensorial, não temos clareza, a exaustão emocional se torna mais provável. Mas quando o trabalho benevolente, a transformação interior e o autocuidado se combinam, eles se reforçam mutuamente.

Ao praticar essas técnicas, a compaixão e o insight aparecerão espontaneamente — esses métodos foram elaborados para produzir exatamente isso. É como o fogo: se você tiver fogo, vai ter calor. À medida que se familiarizar com essas práticas, gradualmente você se tornará uma pessoa mais saudável, mais genuína, repleta de amor, compaixão e sabedoria. Na vida há muitos obstáculos, mas é possível aprender a lidar com eles. Qualquer coisa, positiva ou negativa, pode ser vista como uma oportunidade de crescimento, uma maneira de fortalecer nossa prática. Qualquer coisa, portanto, pode ser trazida para o nosso caminho. Depois de aprender a lidar com nossos problemas, passamos a saber como nos restaurar, ficando mais energizados, em vez de exaustos, aborrecidos e esgotados. Assim, seremos como a flor que desabrocha em forma de sabedoria compassiva.

Esperamos sinceramente que este livro e as ideias e práticas nele contidas ajudem muitas e muitas pessoas a desfrutar de seu direito inato a um corpo fundamentado, um coração aberto e uma mente clara.

Agradecimentos

Tsoknyi Rinpoche expressa profunda gratidão a seus primeiros mestres, de quem recebeu os ensinamentos que evoluíram e se tornaram esta obra. Agradece a Adam Kane pelo estupendo esforço ao ajudar na redação. Esteban e Tressa Hollander, da Pundarika Foundation, deram uma ajuda inestimável para que o projeto fosse levado a cabo. Rinpoche acrescenta: "Agradeço aos meus alunos, com quem aprendi muito ao longo dos anos, e à minha família, por seu apoio afetuoso".

Daniel Goleman também agradece a Adam Kane, por dar voz eloquente às palavras de Rinpoche. Nossa editora na Simon & Schuster, Stephanie Hitchcock, deu excelentes orientações a cada passo do caminho. E, claro, Daniel agradece à esposa, Tara Bennett-Goleman, por seus insights, contribuições e caloroso incentivo a este projeto.

Notas

2. SOLTE! [pp. 17-27]

1. Sonja Lyubomirsky et al., "Thinking about Rumination: The Scholarly Contributions and Intellectual Legacy of Susan Nolen-Hoeksema". *Annual Review of Clinical Psychology*, v. 11, mar. 2015, pp. 1-22, publicado on-line em 2 jan. 2015. Disponível em: <https://doi.org/10.1146/annurev-clinpsy-032814-112733>.

2. Joseph LeDoux, *The Emotional Brain: The Mysterious Underpinnings of Emotional Life*. Nova York: Simon & Schuster, 1998.

3. RESPIRAÇÃO ABDOMINAL [pp. 28-55]

1. Bruce McEwen e John Wingfield, "The Concept of Allostasis in Biology and Biomedicine". *Hormones and Behavior*, v. 43, n. 1, jan. 2003, pp. 2-15.

2. O que se confirmou: anos depois, Richard Davidson e eu revisamos os mais rigorosos estudos sobre meditação em nosso livro *Altered Traits: Science Reveals How Meditation Changes Your Brain, Mind, and Body*. Nova York: Avery, 2018. [Ed. port.: *Traços alterados: A ciência revela como a meditação modifica a mente, o corpo e o cérebro*. Lisboa: Temas e Debates, 2018.]

3. Herbert Benson, *The Relaxation Response*, ed. atualizada. Nova York: HarperCollins, 2009.

4. Andrea Zaccaro et al., "How Breath-Control Can Change Your Life: A Systematic Review on Psycho-Physiological Correlates of Slow Breathing". *Frontiers in Human Neuroscience*, v. 12, 2018, p. 353. Disponível em: <https://www.ncbi.nlm.nih.gov/pmc/articles/PMC6137615/>. Acesso em: 6 jan. 2023.

5. Donald J. Noble e Shawn Hochman, "Hypothesis: Pulmonary Afferent Activity Patterns during Slow, Deep Breathing Contribute to the Neural Induction of Physiological Relaxation". *Frontiers in Physiology*, v. 10, 13 set. 2019, p. 1176. Disponível em: <https://doi.org/10.3389/fphys.2019.0176>.

4. MONSTROS BONITOS [pp. 56-88]

1. Tara Bennett-Goleman, *Emotional Alchemy: How the Mind Can Heal the Heart*. Nova York: Harmony, 2001.
2. Philippe Goldin realizou uma série de estudos do cérebro com voluntários que sofrem de transtorno de ansiedade social. Muitos desses estudos foram feitos quando ele estava na Universidade Stanford, antes de ir para a Universidade da Califórnia em Davis. Ver, por exemplo, Philippe R. Goldin et al., "Neural Bases of Social Anxiety Disorder: Emotional Reactivity and Cognitive Regulation during Social and Physical Threat". *Archives of General Psychiatry*, v. 66, n. 2, fev. 2009, pp. 170-80.
3. Chris Gerner estuda a aceitação de acordo com as pesquisas sobre a autocompaixão de Kristin Neff, da Universidade do Texas em Austin. Ver, por exemplo, Kristin Neff e Chris Gerner, *The Mindful Self-Compassion Workbook: A Proven Way to Accept Yourself, Build Inner Strength, and Thrive*. Nova York: Guilford, 2018.
4. Hedy Kober et al., "Let It Be: Mindful Acceptance Down-Regulates Pain and Negative Emotion". *Social Cognitive and Affective Neuroscience*, v. 14, n. 11, 1 nov. 2019, pp. 1147-58.
5. Philippe R. Goldin et al., "Evaluation of Cognitive Behavioral Therapy vs Mindfulness Meditation in Brain Changes during Reappraisal and Acceptance Among Patients with Social Anxiety Disorder: A Randomized Clinical Trial". *JAMA Psychiatry*, v. 78, n. 10, 1 out. 2021, pp. 1134-42. Disponível em: <https://doi.org/10.1001/jamapsychiatry.2021.1862>.

5. AMOR ESSENCIAL [pp. 89-114]

1. Ver Cortland Dahl et al., "The Plasticity of Well-Being: A Training-Based Framework for the Cultivation of Human Flourishing". *Proceedings of the National Academy of Sciences of the United States of America*, v. 117, n. 51, 22 dez. 2020, pp. 32197-206. Disponível em: <https://www.doi.org/10.1073/pnas2014859117>.
2. Healthy Minds Innovations. Disponível em: <https://hminnovations.org/>. Acesso em: 6 jan. 2023.
3. Matthew A. Killingsworth e Daniel T. Gilbert, "A Wandering Mind Is an Unhappy Mind". *Science*, v. 330, n. 6006, nov. 2010, p. 932. Disponível em: <https://www.doi.org/10.1126/science.1192439>.

4. Dahl et al., op. cit.

5. Richard J. Davidson com Sharon Begley, *The Emotional Life of Your Brain: How Its Unique Patterns Affect the Way You Think, Feel, and Live — and How You Can Change Them*. Nova York: Avery, 2012.

6. AMOR E COMPAIXÃO [pp. 115-44]

1. Antoine Lutz et al., "Regulation of the Neural Circuitry of Emotion by Compassion Meditation: Effects of Meditative Expertise". *PLOS One*, 26 mar. 2008.

2. Dalai-Lama e Daniel Goleman, *Worlds in Harmony: Dialogues on Compassionate Action*. Berkeley, CA: Parallax, 2004. [Ed. bras.: *Mundos em harmonia*. São Paulo: Claridade, 2001.]

3. Jean Decety, "The Neurodevelopment of Empathy". *Developmental Neuroscience*, v. 32, n. 4, dez. 2010, pp. 257-67.

4. Olga Klimecki, "Differential Pattern of Functional Brain Plasticity after Compassion and Empathy Training". *Cerebral Cortex*, v. 23, n. 7, 2013, pp. 1552-61.

5. Helen Y. Weng et al., "Compassion Training Alters Altruism and Neural Responses to Suffering". *Psychological Science*, v. 24, n. 7, maio 2013, publicado on-line em 21 maio 2013. Disponível em: <http://pss.sagepub.com/early/2013/05/20/0956797612469537>.

6. Julieta Galante et al., "Loving-Kindness Meditation Effects on Well-Being and Altruism: A Mixed-Methods Online RCT". *Applied Psychology: Health and Well-Being*, v. 8, n. 3, nov. 2016, pp. 322-50. Disponível em: <https://doi.org/1O.111/APHW.12074>.

7. Ver o capítulo 6 de Daniel Goleman e Richard Davidson, *Altered Traits: Science Reveals How Meditation Changes Your Mind, Brain, and Body*. Nova York: Avery, 2018. [Ed. port.: *Traços alterados: A ciência revela como a meditação modifica a mente, o corpo e o cérebro*. Lisboa: Temas e Debates, 2018.]

7. CALMA E CLAREZA [pp. 145-68]

1. Goleman e Richard Davidson, *Altered Traits: Science Reveals How Meditation Changes Your Mind, Brain, and Body*. Nova York: Avery, 2018. [Ed. port.: *Traços alterados: A ciência revela como a meditação modifica a mente, o corpo e o cérebro*. Lisboa: Temas e Debates, 2018.]

2. Clifford Saron, apresentação na II Conferência Internacional sobre Ciência Contemplativa, San Diego, nov. 2016.

3. Melissa A. Rosenkrantz et al., "Reduced Stress and Inflammatory Responsiveness in Experienced Meditators Compared to a Matched Healthy Control Group". *Psychoneuroimmunology*, v. 68, 2016, pp. 299-312.

4. J. David Creswell et al., "Mindfulness-Based Stress Reduction Training Reduces Loneliness and Pro-Inflammatory Gene Expression in Older Adults: A Small Randomized Controlled Trial". *Brain, Behavior, and Immunity*, v. 26, n. 7, out. 2012, pp. 1095-101.

8. UM OLHAR INTERIOR MAIS PROFUNDO [pp. 169-91]

1. Nossa revisão de estudos científicos sobre a meditação se encontra em Daniel Goleman e Richard Davidson, *Altered Traits: Science Reveals How Meditation Changes Your Mind, Brain, and Body*. Nova York: Avery, 2018, cap. 8. [Ed. port.: *Traços alterados: A ciência revela como a meditação modifica a mente, o corpo e o cérebro*. Lisboa: Temas e Debates, 2018.]

2. Para uma exploração mais completa do mindfulness e da terapia cognitiva, ver Tara Bennett-Goleman, *Emotional Alchemy: How the Mind Can Heal the Heart*. Nova York: Harmony, 2001. Ver também Ayna Baladi Nejad et al., "Self-Referential Processing, Rumination, and Cortical Midline Structures in Major Depression". *Frontiers in Human Neuroscience*, v. 7, n. 666, 10 out. 2013. Disponível em: <https://doi.org/10.3389/ fnhum.2013.00666>.

3. Ver, por exemplo, Jude Cassiday e Phillip Shaver (Orgs.), *Handbook of Attachment Theory: Research and Clinical Applications*. Nova York: Guilford, 1999.

4. James T. Tedeschi, *Impression Management Theory in Social Psychological Research*. Nova York: Academic Press, 2013.

5. Judson Brewer et al., "Meditation Experience Is Associated with Differences in Default Mode Network Activity and Connectivity". *Proceedings of the National Academy of Sciences*, v. 108, n. 50, 2011, pp. 1-6. Disponível em: <https://doi.org/10.1073/pnas.1112029108>.

6. Cortland J. Dahl, Antonie Lutz e Richard J. Davidson, "Reconstructing and Deconstructing the Self: Cognitive Mechanisms in Meditation Practice". *Trends in Cognitive Sciences*, v. 19, n. 9, set. 2015, pp. 515-23.

7. Chloe C. Banker e Mark R. Leary, "Hypo-Egoic Nonentitlement as a Feature of Humility". *Personality and Social Psychology Bulletin*, v. 46, n. 5, maio 2020, pp. 738-53. Disponível em: <https://doi.org/10.1177/014616721987514>.

8. Ruben E. Laukkonen e Heleen A. Slagter, "From Many to (N)one: Meditation and the Plasticity of the Predictive Mind". *Neuroscience & Biobehavioral Reviews*, v. 128, set. 2021, pp. 199-217. Disponível em: <https://doi.org/10.1016/j.neubiorev.2021.06.021>.

Índice remissivo

"abandono", esquema do, 81
abertura lúcida, 151, 195
aceitação, 86-8, 98, 110-2
adrenalina, 49
agitação, 155, 157-8
agora, 53-4
alegria, 170, 176, 181-2, 189, 191, 195, 197
Alquimia emocional (Bennett-Goleman), 11, 81, 83-5
altruísmo, 117, 122, 143, 197; eu social e, 178
amontoado, 180
amor, 182, 194-5, 198; amor por si mesmo, 93; apego e, 119-24, 139; atenção plena e, 119; aversão e, 122, 124; com viés, 119, 124; compaixão *versus*, 128-30; condicional, 116; ego e, 117, 131; essencial *ver* amor essencial; eu simples e, 175; expressado *ver* amor expressado; ferido, 60; Goleman sobre, 138-44; incondicional, 95, 97; indiferença e, 122, 124; interconexão e, 181; múltiplos níveis do, 121; nocivo,

119; obstáculos para, 122-6; parental, 95, 115-6, 121, 142-3; possessivo, 119, 121; raciocínio e, 122; reflexão sobre seres complicados, 137; reflexão sobre seres neutros, 137; reflexão sobre seres próximos ao seu coração, 136-7; Rinpoche sobre, 115-37; romântico, 116-7, 119-21, 139; sadio, 119, 121; sentimento e, 122; treinamento da mente e *ver* treinamento mental
amor essencial, 62, 91-108, 117-8, 121, 130, 135, 169, 175, 184-5, 194-5, 197; amor expressado e, 92-4, 118, 121; amor por si mesmo *versus*, 93; amor sadio e, 119; ânsias e, 101; apego e ciúme e, 119-20; compaixão e, 117-9, 130; condições favoráveis e desfavoráveis para o, 96-9; confundir gatilhos com, 99, 102; desencadeado com movimento, 103-4; desencadeado com música, 102-3; eu simples e, 182, 184; felicidade ética e, 120; gatilhos para o, 96-9, 102-4, 106; Goleman sobre, 108-9, 113-4; meditação e, 105-6; método

natural para encontrar o, 104-5; percepção e, 100; reconexão com o, 135; respiração como gatilho, 103; saudação e, 104-5; vazio e, 94-6, 120; *ver também* sensação o.k.; bem-estar

amor expressado, 92-4, 197; amor essencial e, 92-4, 118, 121; amor por si mesmo e, 93; níveis, 121-2; saudação e, 135-7

amor ferido, 60

ânsias, 101

ansiedade, 23-5, 31-2, 34-7, 52, 92, 108, 112-3, 166, 170-1; atenção plena e, 85; cérebro e, 85-6; eu social e, 178-9; social, 85-8; varredura corporal e, 41-2, 47-8; vulnerabilidade-dano e, 84-5; *ver também* estresse; preocupação

ansiedade social, 85-8

antídoto, combater com um, 69-71, 73

apatia, 155-9

apego, 65; amor e, 119-24, 139; compaixão e, 122-4; conceito budista, 122-3; conceito psicológico, 122-3, 139; na infância, 123, 139, 187-8

aprendizagem, 113, 165

assentamento e foco (*shamata; shiney*), 152-8, 164, 184-5, 195; com respiração, 161-2; com um objeto, 152-4; o agora e o, 153-4; obstáculos para, 155-6; sem apoio, 152-3, 161-2

atenção plena *ver* mindfulness

ato de soltar, 16, 35-6, 184-5, 194-5; estresse e, 35-6; mantras e, 23-4; pensamentos e, 22-3; relaxamento e, 22; ruminação e, 27; saudação e, 73-5; técnica, 20-2

aversão, 122, 124

balão, técnica de respiração, 43-4

batimento cardíaco, 54

Beck, Aaron, 80-1

beleza, 97

bem-estar, 91-2, 109-14, 118, 120, 127, 166, 177; *ver também* amor essencial; sensação o.k.

Bennett-Goleman, Tara, 11, 80-5, 107, 138; *Alquimia emocional*, 11, 81, 83-5; *Mind Whispering*, 83; Rinpoche e, 11, 58-60, 80-4

Benson, Herbert, 51-2

bindu, 33, 91, 97

bodhicitta, 117, 122

bondade: amorosa, 120-1, 166; gratidão e, 135

Bowlby, John, 188

Buda, 138, 172

budismo, 10, 13, 48, 59, 82, 84, 116, 120, 138-9, 152, 190; atenção plena, 150; conceito de apego, 123; tibetano, 10, 48, 56, 85, 91; vipassana, 167-9

budismo tibetano, 10, 48, 56, 85, 91

bypass espiritual, 11, 147

Califórnia, Universidade da, 165

calma, 36, 152, 156-7, 164-5, 169-70, 191; *ver também* assentamento e foco

carência, 177-8, 182, 186-8

caridade, 138-9, 143

cérebro, 54, 98; amígdala, 26, 48, 87, 110, 141, 143, 165, 167; ansiedade e, 85-6; autocentrismo e, 187; autojulgamento e, 112; bem-estar e, 110, 112; circuitos de detecção de ameaças, 25-6, 48-50, 110; compaixão e, 139-44; consciência e, 110, 191; córtex pré-frontal, 26, 109-10, 112-3, 167; empatia e, 140-2; eu e, 110, 189-90; felicidade e, 144; ínsula, 141; meditação e, 141-2, 167, 189; neuroplasticidade e, 109; reatividade emocional ao estresse e, 167; rede de modo padrão, 113, 189; respiração e, 54-5 *chi*, 33

ciúme, 119-20, 171

clareza, 147-9, 152-3, 156-62, 166, 169, 182, 184, 191, 195-8

compaixão, 114, 143-4, 188, 194-5, 197-8; amor essencial e, 117-9, 130; amor *versus*, 126-8; apego e, 122-4; aversão e, 122, 124; "californiana", 128-9; cérebro e, 139-44; com viés, 119, 124; cultivo, 142-4; disposição para sofrer e, 128-30; doação do rim e, 143; efeitos colaterais, 118, 135; ego e, 117, 131; empatia *versus*, 140; eu social e, 178; genuína, 128-9; Goleman sobre, 138-44; indiferença e, 122, 124; obstáculos para, 122-6; por nós mesmos, 86, 112, 114, 139-40; prática da saudação e, 135; reflexão sobre seres complicados, 137; reflexão sobre seres neutros, 137; reflexão sobre seres próximos ao seu coração, 136-7; Rinpoche sobre, 115-36; sofrimento como foco, 126-7; treinamento da mente e *ver* treinamento mental

comunicação, na prática da saudação, 80

confusão, 181

consciência com atenção plena, 85, 149-51; metáfora do pastor, das ovelhas e da corda para, 154-5; tempo gasto com, 157; *ver também* assentamento e foco

consciência, 147-9, 159-61, 164, 191, 197; atenção plena e, 148, 152; cérebro e, 110, 191; de si, 110, 173; do outro e de si mesmo, 149; foco e, 151; relaxamento e, 151; *ver também* saudação, prática da; atenção plena; mindfulness

corpo, 36-8, 146-7, 173; atenção plena, 158-9; corpo sutil e, 33; metáfora da casa de três andares, 34; pressa e, 28-9, 30-2; reificando o eu e o, 171-2;

relacionamento da mente com o, 23-4; ato de soltar da consciência no, 30, 34

corpo fundamentado, coração aberto, mente clara, 193, 198

corpo sutil, 33-8, 91-2

cortisol, 49, 167

crianças: amor pelas, 95-6, 115-6, 121, 142-3; birras, 69, 126, 143

Dalai-Lama, 10, 46, 120, 139, 144, 178, 188-9; agilidade emocional, 188-9

Davidson, Richard, 15, 51, 109-12, 139, 143, 164, 167-8, 185, 189-91

depressão, 92, 108, 110, 112-3, 118, 127, 187

desapego, 123

"descentramento", 187

despretensão hipoegoica, 190

distanciamento, 141

distração, 110, 113, 150-4, 157, 166

diversão, 170, 175, 181-2, 186

DNA, 167

doação do rim, 143

doenças: estresse e, 49-50, 52, 113; inflamações e, 168

dupla sapiência, 148

ego, 117, 131, 177-8, 186, 197

Ekman, Paul, 188-9

emoções, 59-61, 86, 118, 146-7, 176, 198; acampamento-base pessoal e, 74; aceitação das, 86-8; aflitivas, ser suplantado por, 125-6; amontoar pessoas com, 180; antídotos e, 69-71, 73; atenção plena e, 151, 159-60; distanciamento e, 141; do Dalai-Lama, 188-9; empatia e, 140; esquemas e, 81, 83-4; estresse e, 167; exame das, 111-2; Goleman sobre, 80-8; ignorar, 69-70, 72-3; meditação e, 159-60; medo das, 68-9; mente e, 68; monstros bonitos e *ver* monstros bonitos; negativas, 57, 86, 113; padrões cármicos e, 63; padrões habituais e, 63-4, 110, 122; reatividade e, 111; sentimentos feridos, 62; supressão das, 69-70, 72-3, 77; tolerar, 69-70, 73

empatia, 112, 118, 133; angústia causada pela, 140-1; cérebro e, 140-2; cognitiva, 140; compaixão *versus*, 140; emocional, 140; meditação e, 141; preocupação empática, 142

encontro, na prática da saudação, 75-6

energia, 30-8; apressada *ver* pressa, velocidade; ascendente, 33-4; ascendente, técnicas de respiração para *ver* respiração, técnicas de; corpo sutil e, 33-8; na metáfora da casa de três andares, 34; respiração e, 33; sadia e nociva, 37; sensação e, 34

equilíbrio, 108

espera, na prática da saudação, 78-9

esquemas e terapia do esquema, 81, 83-4

estresse, 22, 24, 28-32, 36, 46, 52, 92, 111, 118, 155, 197; crônico, sinais, 34; eu social e, 178-9; hábitos e, 35-6, 65; hormônios e, 49, 167; meditação e, 50-5, 164, 167; problemas de saúde e, 49-50, 52, 113; reatividade emocional para, 167; resiliência e, 111, 113, 165; respiração e, 38, 52; resposta de luta ou fuga e, 49, 52, 54, 165; ato de soltar e, 35-6; *ver também* ansiedade

eu, 171-3; aceitação do, 114; altruísmo, 172-3, 185-6; amor por si mesmo, 93; apreciação do, 114; autocentrismo, 134, 177-8, 182, 185-8, 191; autocuidado, 197-8; cérebro e, 110, 189-90; como independente, 179-81; como permanente, 179; como singular, 179-80; compaixão pelo, 86, 112, 114, 139-40; consciência do, 110, 173; divagação e, 189; ego e, 117, 131, 177-8,

186, 197; equiparar os outros ao, 132; estimar os outros mais do que, 134; Goleman sobre, 185-91; gratificação do, 106; indagação sobre o, 111-2; intercambiar outros e o, 132-3; julgamento do, 93-4, 112, 114, 118, 138-9; meditação e, 190-1; quatro eus *ver* quatro eus; Rinpoche sobre, 169-85; sofrimento e, 171, 176, 186-7; valor próprio e desempenho do, 95-6

eu social, 177-9, 182, 184-6, 188

eudomania, 109

expectativas, 171; em relação a nós mesmos, 127, 171; saudação e, 73

experiência da cachoeira, 155-6

experiência da corrente que flui, 155-6

experiência do lago tranquilo, 155-6

experiência do rio sinuoso, 156

"fantasmas famintos", 101

felicidade, 106-10, 120, 125, 131-2, 177; cérebro e, 144; dois tipos de, 108; estimar os outros mais do que a si mesmo e, 134; ética, 120; intrínseca, 109; valorizar a si mesmo e, 177

felicidade despreocupada, 106-7

feridas, 59, 65

ficar, na prática da saudação, 76-8

fixação, 176, 181-2

flexibilidade, 152, 154

fluxo, 181

foco, 151, 165, 189; *ver também* assentamento e foco

Foco (Goleman), 140

foco único, 154, 156

fundamentação, 17, 20-1, 23, 28, 35-6, 60, 96, 118, 175, 177, 179-85, 193-5

generosidade, 139, 143

genes, 167-8

Gerner, Chris, 86

"gestão das impressões", 188
Goldin, Philippe, 85-8
Goleman, Daniel, 11, 13-5, 24-7, 46, 107-9; *Foco*, 140; início da vida de, 13-4, 24; na faculdade, 14, 24-6, 51; na Índia, 10, 14, 50, 55; pressa e, 47-8; sobre amor e compaixão, 138-44; sobre bem-estar, 109-14; sobre emoções, 80-8; sobre meditação e atenção plena, 162-8; sobre o amor essencial, 108-9, 113-4; sobre o eu, 185-91; sobre técnicas de respiração, 47-55; *Traços alterados*, 15; Tulku Urgyen Rinpoche e, 163, 185
gom ("familiarizar-se"), 109, 196
gratidão, 135

habituar-se, 98, 157, 196
Harvard, Universidade, 110
hormônios, 49, 167
humildade, 185, 190

ignorar, 69-70, 72-3
impermanência e mudança, 97-8, 128, 174, 179-80
independência, 179-81
Índia, 17-8, 33, 48; Goleman sobre, 10, 14, 50, 55; restaurantes na, 145-6
indiferença, 122-4
infância: abandono, 188; apego, 123, 139, 187-8; padrões habituais aprendidos, 63; relacionamentos e, 63-4, 188
inflamações, 168
inibição de impulso, 166
inimigos, íntimos e distantes, 71
inquietação, 31, 34, 36-8, 152; varredura corporal e, 41-2
insight, 112, 163, 169-70, 172, 195, 198
Instituto Max Planck, 141-2
Instituto Mente & Vida (Mind & Life), 10, 139

interconexão e interdependência, 128, 132-3, 172-7, 180-1, 184
inutilidade, 63, 67-8, 70-2
irritação, 124-5

Kober, Hedy, 87
Kuan Yin, 138, 144
kung fu, 37

Lee, Bruce, 37
lojong ver treinamento mental
lung, 32-3

Mágico de Oz, O, 82
mantras, 23-4
McClelland, David, 51
meditação, 59, 109-10, 147, 169, 185-7, 197-8; amor essencial e, 105-6; *bypass espiritual* e, 11, 147; cérebro e, 141-2, 167, 189; desconstrutiva, 190-1; divagações na, 166; emoções na, 159-60; empatia e, 141; estresse e, 50-5, 164, 167; eu e, 186, 190; experiências mutantes na, 196-7; genes e, 167-8; Goleman sobre, 162-8; julgamentos sobre, 154, 160, 182; mantras na, 163; olhar para o sofrimento e, 141-2, 167-8; pensamentos na, 159-60, 162-3, 166; prática regular de, 109, 196; reificação da, 182; tempo gasto em, 157, 196; *vipassana* (insight), 167-70
meditação desconstrutiva, 190-1
meditação do insight (vipassana), 167-70
medo, 65, 110, 170, 186
memória, 165
memória de trabalho, 165
mente, 22, 36-7, 61, 173; agitação da, 155, 157-8; apatia da, 155-8; clareza da, 147-9, 152-3, 156-62, 166, 169, 182, 184, 191, 195-8; consciência e, 148; corpo sutil e, 33; distração e, 110, 113,

209

150-4, 157, 166; divagações da, 110, 113, 166, 189; emoções e, 68; flexibilidade da, 152, 154; na metáfora da casa de três andares, 34; pressa e, 28-9, 31-2; quatro expressões da, 147-9; reificação do eu e, 171-2; relação do corpo com a, 23-4; Rinpoche sobre, 145-62; sapiência e, 148; ato de soltar e, 22-3; torpor e, 149, 155; *ver também* pensamentos

metáfora do pastor, das ovelhas e da corda, 152-3

metta (Maitr, em sânscrito), 121

Mind Whispering (Bennett-Goleman), 83

mindfulness (atenção plena), 15-6, 57, 74, 187; amor e, 119; compaixão e, 135-6; consciência e, 148, 152; da respiração, 53, 152, 163-7; das sensações e sentimentos, 159; descrições e definições do, 150; do corpo, 158-9; emoções e, 151, 159-60; experiência da cachoeira e, 155-6; foco e, 151; fundamentação do, 150; garçons e, 145-6; Goleman sobre, 162-8; na tradição budista, 150; pensamentos ansiosos e, 85; pensamentos e, 150-1, 159-60; Rinpoche sobre, 145-64; terapia cognitiva e, 80-1, 83; treinamento em, 158-60; *ver também* percepção; consciência com atenção plena

monstros bonitos, 64-6, 79-80, 82, 105, 127, 135; prática da saudação para trabalhar os *ver* saudação, prática da

movimento, como gatilho do amor essencial, 103-4

multiplicidade, 181

multitarefas, 165

Munindra, Anagarika, 138

música, 98, 102-3

nadi, 33

narcisismo, 190

natureza, 181

Neff, Kristin, 140

New York Times, 14

Nobre Tara, 138, 144

ocupação, 96

ódio, 118, 124-6, 133, 135

padrões cármicos, 63

padrões habituais: amor e compaixão e, 118-9; emoções e, 63-4, 110, 122; estresse e, 35-6, 65

padrões habituais aprendidos, 63

pais e mães: amor pelos filhos, 95, 115-6, 121, 142-3; disposição para sofrer no lugar dos filhos, 129-30

paramitas, 139

pensamentos, 110; aceitação dos, 86-8; acreditar em, 187; agitação e, 155-8; agora e, 153-4; atenção plena e, 149-51, 159-60; deliberados, 148; insight e, 112; na meditação, 159-60; negativos, 57, 60, 112-3; que brotam, 148; ruminação de, 25-7, 113, 187; *ver também* mente

percepção, 100

perspectiva, 153

Pokhara, 99

possessividade, 118-9, 121

Potala, palácio, 138

pouco tempo, muitas vezes, 106, 109, 157

prana (energias), 33

pranayama, 53

preconceito, 119, 124

prensa francesa, técnica de respiração da, 43-4

preocupação, 23-7, 50, 186; três tipos de, 25; *ver também* ansiedade

pressa, velocidade, 17-20, 23-4, 28-38, 182, 197; da mente, 28-32; do corpo,

28-32; experiência de Goleman da, 46-8; padrões habituais de, 36; Rinpoche sobre, 17-9, 28-38, 47-8; técnicas de respiração para *ver* respiração, técnicas de; três tipos de, 30-2, 36-7; varredura corporal e, 41-2

pressão arterial, 51

previsões, 191

psicologia, 10-4, 46, 49, 51, 58-9, 67, 71, 82, 85, 108, 139, 186, 188; bem-estar e, 109-14; humildade na, 190; positiva, 108-10, 139; teoria do apego na, 122-3, 139

psicoterapia, 11, 58-9, 80-2, 86, 139, 187

publicidade, 95; Sony Vaio, 89-91, 95, 99

Putuoshan, 138

quatro eus, 173-83, 195; eu carente, 177-8, 182, 186-8; eu reificado, 170-1, 173-9, 181-4, 187, 190-1; eu simples, 174-8, 181-6, 189-90, 195; eu social, 177-9, 182, 184-6, 188

raciocínio, 122

raiva, 65, 110, 119, 124-5, 133, 151, 171

reação de luta ou fuga, 49, 52, 54, 165

redes sociais, 179, 188

reificação, 170-1, 173-9, 181-4, 187, 190-1

relacionamentos, 60-5, 124, 169, 176; amor essencial e, 93; esquemas e, 81; infância e, 63-4, 188; monstros bonitos e, 65; nocivos, 118, 187-8; padrões habituais aprendidos e, 63; sensação de ser imprestável e, 62-3; vazio e, 95

relaxamento, 21-2, 30-2, 34, 36-7, 155-8, 164, 181; alerta, 54-5, 156-7; frequência cardíaca e, 54; percepção e, 151; reação de relaxamento, 51-2, 55; ato de soltar e, 22

Relaxation Response, The (Benson), 51

resiliência, 111, 113, 165, 172

respiração, 184; assentar-se com a, 161-2; atenção plena à, 53, 152, 163-7; cérebro e, 54-5; energias e, 33; estresse e, 38, 52; frequência cardíaca e, 53-4; Goleman sobre, 47-55; maneira extrassuave, 45-6; *prana* (energias) e, 33; provocar amor essencial com a, 103; respiração do vaso suave com retenção, 42-5, 48; respiração profunda abdominal (respiração do bebê), 38-40, 194; Rinpoche e, 38-46, 50, 55; técnicas de, 36-55; varredura corporal e, 41-2, 47-8

restaurantes, 145-6

Ricard, Matthieu, 142

Rinpoche, Adeu, 138

Rinpoche, Chokling, 163-4

Rinpoche, Chokyi Nyima, 163-4

Rinpoche, Mingyur, 109, 151, 163-4

Rinpoche, Tsoknyi, 9-16, 27, 46-7, 56-64, 107-8, 164, 169-71; Bennett-Goleman e, 11, 58-60, 80-4; como professor, 9-13, 58; computador e, 89-91, 94, 99; conceito de amor essencial *ver* amor essencial; conceito de monstros bonitos *ver* monstros bonitos; família de, 9-10, 115-6; início da vida de, 9-10, 17, 56-7, 60; prática da saudação de *ver* saudação, prática da; sobre a pressa, 17-9, 28-38, 47-8; sobre amor e compaixão, 115-37; sobre mente e atenção plena, 145-64; sobre o atendimento no restaurante, 145-6; sobre o eu, 169-85; técnicas de respiração, 38-46, 50, 55, *ver também* respiração técnicas de

Rinpoche, Tulku Urgyen, 9, 60, 163, 185, 190

ruminação, 25-7, 113, 187

Salzberg, Sharon, 120
sapiência, 147-9
saudação, prática da, 16, 66-80, 82, 85-7, 91-2, 110-4, 123, 130, 182-4, 194-5; amor essencial e, 104-5; amor expressado e, 135-6; compaixão e, 135; comunicar-se na, 79-80; encontrar-se em, 75-6; espera, 78-9; expectativas e, 73; ficar na, 76-8; obstáculos para, 69-73; passos da, 73-80; prática do assentamento e, 154; soltar, 73-5
sementes cármicas, 59
sensação o.k., 62, 71-2, 91-2, 94, 101-9, 111-4, 118-9, 136, 175; *ver também* amor essencial; bem-estar
serenidade, 160-1
simplicidade, 174-8, 181-6, 189-90, 195
singularidade, 179-80
sistema nervoso, 49, 51, 54
sistema nervoso parassimpático, 50-2, 54
sistema nervoso simpático, 49, 52, 54
sofrimento, 120, 124, 131-2, 186-7; *de classe alta*, 98-9; disposição para, 128-30; equiparar o eu e o outro e, 132; eu e, 171, 176, 186-7; fixação e, 176
sofrimento, olhar para o, 118, 123, 127; angústia empática e, 140-1; cérebro e, 140-2; compaixão e, 126-7; meditação e, 141-2, 166-8; virar a cara e, 141
sofrimento de classe alta, 98-9
solidão, 168
Stanford, Universidade, 25, 165
suprimir, 69-70, 72-3, 77

tensão, 170, 175-6, 182
terapia cognitiva, 80-1, 83, 87; atenção plena e, 80, 83
Tibete, tibetanos, 9-10, 12, 17, 28, 33, 58, 109, 138, 144, 152, 163-4, 185, 196
tolerar, 69-70, 73
torpor, 149, 155
Traços alterados (Goleman e Davidson), 15
treinamento mental (*lojong*), 120, 131-4; equiparar o eu e o outro, 132; estimar os outros mais do que a si mesmo, 134; intercambiar o eu e o outro, 132-3

unificação, 154, 156

varredura corporal, 41-2, 47-8
Vasubandhu, 186
vazio, 62, 106, 118, 135; amor essencial e, 94-6, 120; relacionamentos e, 95
verdade relativa, 62-3, 65-6
vipassana, 167-9
visão (perspectiva), 153
vulnerabilidade ao mal, 84-5

Welwood, John, 11, 147
Wisconsin, Universidade, 109-10, 141, 143, 164

Young, Jeffrey, 80-1, 84

ESTA OBRA FOI COMPOSTA PELA ABREU'S SYSTEM EM INES LIGHT
E IMPRESSA EM OFSETE PELA LIS GRÁFICA SOBRE PAPEL PÓLEN SOFT
DA SUZANO S.A. PARA A EDITORA SCHWARCZ EM ABRIL DE 2023

A marca FSC® é a garantia de que a madeira utilizada na fabricação do papel deste livro provém de florestas que foram gerenciadas de maneira ambientalmente correta, socialmente justa e economicamente viável, além de outras fontes de origem controlada.